MODERN ARCHITECTURE

ART IN DETAIL

BAUHAUS

アート・イン・ディテール

近現代建築

（著）アンソニー・ハッセル／デビッド・ボイル／ジェレミー・ハーウッド

ゆまに書房

Art in Detail : MODERN ARCHITECTURE

Japanese translation rights arranged with Ivy Press Limited through Japan UNI Agency,Inc.,Tokyo

Picture Credits

The publisher would like to thank the following for their permission to reproduce the images in this book. Every effort has been made to acknowledge the images, however we apologize if there are any unintentional omissions.

Akg images/Erik Bohr: 15. **Alamy**/Arcaid: 52-55, 112-115; Jon Arnold Images Ltd: 104; Jon Bower Spain: 16-19; Ian Dagnall: 74; Gavin Hellier: 116; Hemis: 88-91; JTB Photo Communications, Inc: 50; Yadid Levy: 100-103. **Corbis**/Peter Aprahamian: 56; Arcaid: 64-67; Art on File: 8; Sheldan Collins: 76-79; Richard A. Cooke: 38; Paulo Fridman: 62; George Hammerstein: 28-31; Thomas A. Heinz: 10-13; Angelo Hornak: 44; Wolfgang Kaehler: 68; Giraud Phillipe: 110; Photo Company: 26; Alan Schein Photography: 46-49. Getty **Images**/Mark Mawson: 70-73. **Photolibrary**/Peter Cook: 40-43, 86, 124; Fancy: 106-109; Dennis Gilbert: 122; Paul Raftery: 14. **Shinkenchiku-sha**: 80, 82-85**. John Sigler**: 98. **View**/Dennis Gilbert: 118-121; Roland Halbe/Artur: 22-25; Karin Hessmann: 94-97; Hans H. Muenchhalfen/Artur: 58-61; Dieter Leistner/Artur: 92; Paul Rafety 34-37. **Arnold Weihs**: 32.
Cover image: Jose Fuste Raga/**Corbis**.

目 次

はじめに		6
ウェインライト・ビルディング	ルイス・サリヴァン	8
サグラダ・ファミリア教会	アントニ・ガウディ	14
バウハウス	ヴァルター・グロピウス	20
クライスラービル	ウィリアム・ヴァン・アレン	26
サヴォア邸	ル・コルビュジエ	32
落水荘	フランク・ロイド・ライト	38
シーグラムビル	ミース・ファン・デル・ローエ／フィリップ・ジョンソン	44
グッゲンハイム美術館	フランク・ロイド・ライト	50
ソーク研究所	ルイス・I・カーン	56
メトロポリタン・カテドラル	オスカー・ニーマイヤー	62
シドニー・オペラハウス	ヨーン・ウツソン	68
ポンピドー・センター	リチャード・ロジャース／レンゾ・ピアノ	74
藤沢市秋葉台文化体育館	槇文彦	80
ロイズ・ビルディング	リチャード・ロジャース	86
ヴィトラ・デザイン・ミュージアム	フランク・ゲーリー	92
ブルジュ・アル・アラブ	トム・ライト	98
ペトロナス・ツインタワー	シーザー・ペリ	104
チバウ文化センター	レンゾ・ピアノ	110
ドイツ連邦議会新議事堂（ライヒスターク）	ノーマン・フォスター	116
スイス・リ本社ビル	ノーマン・フォスター	122

はじめに

近現代建築とは何か？　これを探求していくと、西暦2000年までに、いかに建物家が自由に、建物のフォルム（かたち）を決められるようになったのか、がわかってくる。ただし、どんなスタイルの建築でも同じように重要なのが、構造への敬意と、各時代ごとに必要な技術の共有である。かつて、19世紀末、鉄筋コンクリートと鉄骨構造の技術が世界中に台頭すると、建築家たちはエンジニアと協力し、ますます斬新なプロジェクトを手がけるようになる。ルイス・サリヴァンの「ウェインライト・ビルディング」以降、建物はどんどん高くなり、内部のスパン（梁《はり》の幅）も広くなる。さらに、鉄筋コンクリート造の進歩によって、ヨーン・ウツソンの「シドニー・オペラハウス」のように、ますます大胆な幾何学が作品に取り入れられるようになった。

トム・ライトの「ブルジュ・アル・アラブ」がドバイを、シーザー・ペリの「ペトロナス・ツインタワー」がクアラルンプールを象徴しているように、ホテル、オフィスビル、文化センター、といった機能だけでなく、建物そのものが街の顔やシンボルになっていく点も重要である。しかし、いつもそんなに順調だったわけではない。建築史上、いわゆる記念碑的な1920年代、「モダニズム」には物事を“引き算させる”力が

あり、ミース・ファン・デル・ローエの「バルセロナ・パビリオン」や、ヴァルター・グロピウスの「バウハウス」のように、建築をミニマルで本質的に、構造もどこまでもシンプルに転換させた。これらの建物は、国際的な注目を集め、サリヴァンの名言を借りれば「フォルムは機能にしたがう」ということになる。

しかし、実際には「建築家の空間上の気まぐれにしたがう」というのが本当のところなのかもしれない。変化はいつごろからおこったのか？　おそらく、この答えの鍵は、フランク・ロイド・ライトが握っている。彼の長い建築家人生は、アメリカで1890年代におこった「アーツ＆クラフツ（美術工芸）運動」からスタートする。1935年、彼は「落水荘」のプロジェクトによって、モダニズムに、芸術的で繊細な感覚をプラスさせる。滝をまたぐように家をつくったり、さまざまな段階を経て、1959年、ニューヨークの「グッゲンハイム美術館」の、大胆で表現力あふれる作品で実を結ぶ。

今後の建築史が、「ポストモダニズム」という様式をほんの瞬く間の軽い流行だったと断定するのかもしれない。しかし、ポストモダニズムの役割は、「建築家たちは周辺の景観も尊重しなければいけない」と、絶妙のタイミングで警告したことにあるだろう。槇文彦《まきふみひこ》とルイス・カーンが達成した最もすばらしい業績は、モダニズムのセンスで、まわりの環境を尊重することだった。カーンは、高品質のコンクリートを伝統的なプロポーションの建物に導入し、設備や機能にも十分に配慮した。「ハイテク」は、遅れてきたモダニズムといわれ、モダニズムの精神を劇的に進化させた様式である。ノーマン・フォスター、リチャード・ロジャース、レンゾ・ピアノは、社会が求める柔軟性、そして環境問題に対応しつつ、自分たちなりの答えを作品に表していく。21世紀のモダニズムは、機能と環境問題が、ますますそのフォルムに影響し、同時に今までよりずっとやさしくおだやかなイメージになっていく予感がする。

ルイス・サリヴァン（1856-1924）

SULLIVAN

ウェインライト・ビルディング

1890-91　セントルイス（アメリカ）

20世紀のアメリカ建築界で一番強い影響力を持っていたといわれる「シカゴ派」。そのメンバーの中でも、特にルイス・サリヴァンは、革新的なプロジェクトを数多く手がけ、世界的な注目を集めた。シカゴ派は1875年から1910年にかけて、急激な高層化によっておこったさまざまな問題を解決し、当時最先端だった鉄筋構造の開発をさらにおし進めた。

ウェインライト・ビルディングのプロジェクトでサリヴァンは、ビジネス・パートナー、ダンクマール・アドラーとともに、当時の技術進歩にふさわしいファサード（建物の顔となる立面）を考案する。その結果、斬新な構造が全体のネオクラシック（新古典主義）なプロポーションの中にうまく隠され、アールヌーボー風のディテールが光った建物ができあがった。それは、サリヴァンのパリのエコール・デ・ボザール（官立美術学校）

1873

シカゴのウィリアム・ル・バロン・ジェニィ事務所に勤務。

1874–75

パリのエコール・デ・ボザールへ留学し、ローマを訪問。

1880

構造エンジニアのダンクマール・アドラーのシカゴ事務所に入所。

への留学経験の影響を感じさせるものであった。サリヴァンは、シカゴのアーツ＆クラフツ（美術工芸）運動にも参加していたが、フランク・ロイド・ライト（P38-43、50-55参照）もこの運動の重要なメンバーの一人だった。ライトは、サリヴァンとアドラーの事務所に1880年代に参加し、近代的なテクノロジーの中に、伝統工芸の技を継承させることにもおおいに貢献した。

進歩的な構造にもかかわらず、ウェインライト・ビルディングはどこか伝統的な雰囲気をかもしだしている。台座のような１、２階部分はクラシックなプロポーションでつくられ、その上階は基礎部分に比べると細くなっていて、高さを強調する。シカゴ派の特徴的なデザインの一つが、均等に配分された床面と、すべて同じかたちの窓で、統一感をつくり出すことである。窓の下の部分には、同じパターンでくり返される装飾的なパネルの帯があり、そのデザインがさらに強調されている。

しかし、このビルの装飾については、賛否が分かれた。純粋に機能を優先する者たちは、近代建築において構造と外観のデザインが一致し、できる限りシンプルかつミニマルであるべきだと主張した。サリヴァン自身も「外観の美とは、骨組みによってなされるべき」と著書のなかで書いていたが、ウェインライト・ビルディングでは、彼のパリの美術学校での影響が強すぎて、あくまでも古典的な雰囲気を残し、ヨーロッパに負けないエレガントな外観をつくりだしたい、という意欲が際立ってしまったようにみえる。

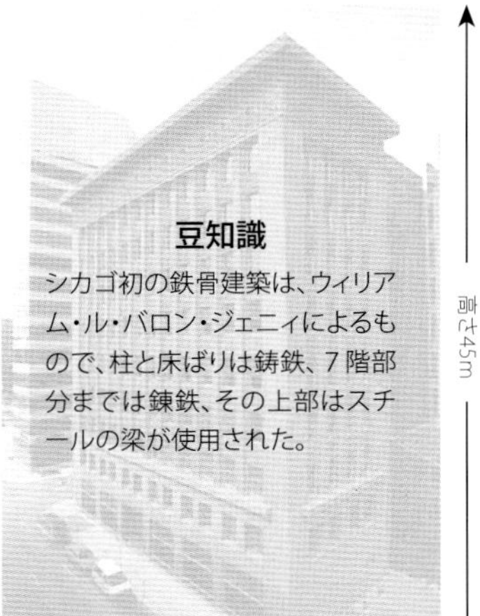

豆知識

シカゴ初の鉄骨建築は、ウィリアム・ル・バロン・ジェニィによるもので、柱と床ばりは鋳鉄、７階部分までは錬鉄、その上部はスチールの梁が使用された。

1887–89

アドラーとともにシカゴ公会堂を設計。

1890–91

ジェニィによる構造理論をもとに、ウェインライト・ビルディングを設計。

1893

シカゴ万博の建築家に選出され、交通館を設計。

1896

自分の設計哲学をまとめた『芸術的高層ビル』という著書を出版。

ルイス・サリヴァン　10　ウェインライト・ビルディング

ファサードの窓の下にある際立つ５本の帯状の部分には、テラコッタ（素焼きのタイル）に彫刻された装飾がほどこされている。

「シカゴ・ウィンドウ」は、両側に細いサッシが垂直に組み込まれた２枚の四角い窓ガラスで構成されている。

サリヴァンは昔、このビルの基本設計はわずか３分で終わったと語っていた。それは大げさだとしても、全体のコンセプトはたしかに単純明快だ。台座のような基礎の上には同じ間隔で床面が続き、柱と柱の窓まわりを強調する。そして、各コーナーに配された太い列柱と、最上階付近の古代神殿にあるような洗練されたコーニス（ギリシャ・ローマ建築に見られる帯状の突起部）が印象的だ。さらにファサードでは、窓の下にある自然をモチーフにしたアールヌーボー風の彫刻パネルがアクセントになっている。サリヴァンは、機能の追求と装飾の間に何ら矛盾を感じず、「優れた建物は、つねにワクワクするような視覚的な刺激を提供すべきだ」と述べている。

シンプルな柱と、窓の下に装飾されたパネルの交差が同じパターンでくり返され、デザインの特徴になっている。その結果、人々の視線が建物の水平、垂直の両方向へと導かれると同時に、適度な緊張感がモニュメンタルな印象を与える。

しかし、ウェインライト・ビルディングが完成してからわずか２年後、彼は「新古典主義は、アメリカ建築の進歩を50年ほど遅らせてしまうことになるだろう」と発言する。それは、シカゴ万博でエコール・デ・ボザール風様式で成功をおさめたばかりのダニエル・バーンハムへの皮肉でもあった。バーンハムの作品は、斬新な構造をクラシックなスタイルの装飾で表面を隠してしまうタイプのものだったからだ。そういうサリヴァン自身も、ウェインライト・ビルディングで同じようなスタイルの建物を設計して批判される。当時のアメリカの建築家たちは、1903年に発行されたチャールズ・マルフォード・ロビンソンによる『現代的な公共芸術あるいは美しい都市（*Modern Civic Art or the City Made Beautiful*）』という著書に深く影響を受けていた。19世紀のヨーロッパで活発だった、ランドマークとなる建物を建設し、商業的な中心地をつくり上げるという運動を見習った都市の美観運動もたいへん盛んになっていた。

台座のような基礎と、その上の古典的なヨーロッパの神殿建築を思わせるコーニスが、デザイン的に際立っている。

窓と窓の間の柱は、構造の鉄枠を隠すため、少し盛り上がっていることがわかる。

柱の間にはめこまれた窓が、くり返しのみで単調になりがちなファサードにアクセントを与えている。

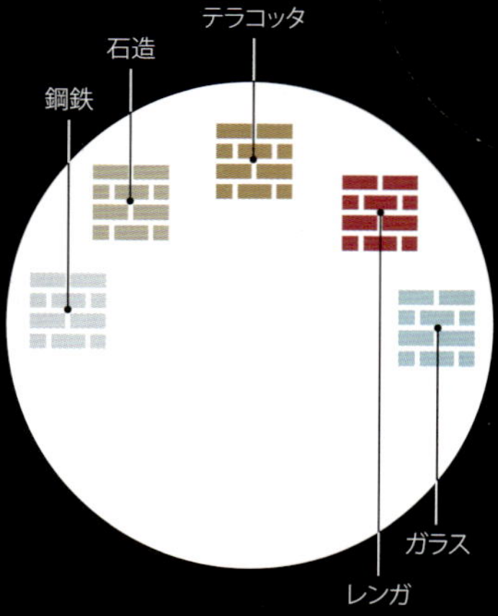

石レンガの列柱と隅の細いレンガの支柱は赤く塗られ、テラコッタでできたコーニスや窓まわりの装飾と調和している。

オフィスビルの室内を明るくするため、建物全体の構造的強さを維持しつつ、できる限り多くの窓をつくることが必要だった。

ウェインライト・ビルディングの構造は、ジェニィによる鉄骨構造の理論と、高層ビルの工事を可能にしたエレベーターの発明に恩恵を受けている。サリヴァンは「美しい外観ができるかどうかは、構造の枠組みにかかっている」と著しているが、実際にはこの発言と矛盾した結果になっている。実際には２倍の数の柱や、多くのスチールの桁が、表面には見えないように隠されているからだ。この結果、批評家たちの多くは「サリヴァンは偽のファサードをつくることに成功し、外側からは見えないものの、建物の枠組みと石造のスキン（建物表面）を分断させ、構造とデザインの統一をあきらめた」と厳しく批判した。

GAUDÍ I CORNET

アントニ・ガウディ（1852-1926）

サグラダ・ファミリア教会

1882-2026〈竣工予定〉 バルセロナ（スペイン）

20世紀の大聖堂建築の歴史を振り返ったとき、サグラダ・ファミリア教会のようにインパクトのあるプロジェクトや、ガウディのようなユニークな建築家を越える存在はなかなかいないだろう。この建物はアールヌーボー様式だと説明されることも多いが、その複雑で手のこんだ構造はきわめて独創的で、一つの様式でくくることはできない。中世の建築スタイルをベースに、ガウディのファンタジーが生み出したシュールレアリスティック（超現実的）な装飾が、あちこちに散りばめられている。

ガウディの晩年の作品の中には彼が亡くなったときまだ未完成で、現在まで後継者によって建設が続けられているものが少なくない。サグラダ・ファミリア教会のプロジェクトでガウディは、前任の建築家フランシスコ・パウラ・デ・ビリャール・イ・ロサノの、ゴシック様式のデザインを尊重しつつ、螺旋状の階段が続く塔やアーチ（丸天井）、あ

1882

サグラダ・ファミリア教会の基礎となる最初の石が置かれる。

1883–84

パウラ・デ・ビリャール・イ・ロサノの後継者として、ガウディが同教会の主任建築家となる。

1884–91

ビリャールによって始まったネオ・ゴシック様式の地下聖堂の部分を引きつぐ。

るいは有名な放物曲線でできた屋根などによって、流れるようなフォルムと生き生きとしたディテールを加えていく。この教会の工事は最初の石が置かれた１年後にスタートし、1918年から、ガウディの篤い信仰をかたちにするデザインが見えはじめる。

地下聖堂に関しては、先任者のプランをもとに13〜14世紀のゴシック様式をまねたスタイルがとられるが、鐘楼の塔の下の部分が完成し８年たった頃から、その後の展開が予想できるようなデザインとなっていく。そして、「生誕のファサード」といわれる立面で、４本の塔がそびえ立った瞬間、ガウディのイマジネーションは、中世の様式からかけ離れた、とてつもないものであることが明白になった。ゴシック様式から立ち上がったこのプロジェクトで、まず彼はアールヌーボー様式を思わせるデザインを上部に加え、さらに自然界のさまざまなエッセンスを取り入れながら、幻想的で、ファンタジーあふれるスタイルをつくり上げたのだ。

ガウディは「すべての建築プロジェクトにおいて、まず第一に構造的な問題を解決しなくてはならない」と信じていたが、彼の恐るべき想像力は、今までの建築様式やその伝統的なしきたりを軽々と超えてしまう力を持っていた。また彼は、「建築の質は、外観の神聖さで決まる」と考えていたため、外観にはガウディが自然からインスピレーションを受け、神の恵みであると信じていた動物、植物のフォルムがふんだんに取り入れられた。

そして地元の聖地を含めた特別な風景や、動物の身体をもとにしたフォルムも抽象的に表現され、何らかのメタファー（隠喩）になっている。そういった「自然の法則」は、たんに物理的な意味だけではなく、神の存在を証明しようとしているかのようにも見える。

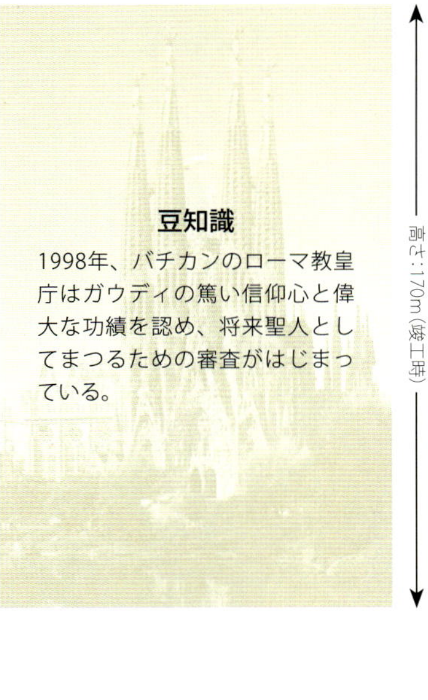

豆知識

1998年、バチカンのローマ教皇庁はガウディの篤い信仰心と偉大な功績を認め、将来聖人としてまつるための審査がはじまっている。

1891–1903

生誕の翼廊部分でのゴシック様式の設計をスタートする。

1903–26

ゴシック様式のさらに上の部分で、ガウディ独自のデザインを展開する。

1926

ガウディ逝去。同教会の地下聖堂に埋葬される。

1936

ガウディの手がけたオリジナルのスケッチや模型が、スペイン市民戦争によって破壊される。

サグラダ・ファミリア教会もその機能的な面、つまり建物の目的といった点で、中世のごく一般的な大聖堂と共通点している部分も多い。約12,000人の参列者を想定した広大な礼拝堂部分は、列柱によって支えられた放物線状のアーチで覆われている。しかし、その空間は、斬新で実験的な構造と独特の装飾によって、伝統的な構造がしだいに変化し、ゴシックとは似ても似つかないものになっていく。渦まく自然のフォルムがファサードを彩り、中世のゴシック建築の教会のガーゴイル（怪物をかたどった雨水の落し口）のかわりに、ガウディは、聖書の多彩なシーン（キリストの生誕から十字架にかけられる場面まで）を表す彫刻を設置した。何より驚かされるのは、ガウディは穴のあいた塔をデザインし、風を通して建物の安定を保ちながら、その中に異なるサイズの鐘を仕込んで、教会全体を巨大なオルガンになるように考えたことである。

生誕のファサードにそびえ立つ塔の細部。このさりげない構造が、隣接する立派な鐘楼の塔にたいして絶妙なコントラストをつくり出す。

ファサードの上部の目立つ部分には、聖書の中のモチーフから、ほぼ等身大の聖人像が設置されている。

サグラダ・ファミリア教会のファサードのなかで最も印象的なのは、ネオ・ゴシック様式の上に、いきなり完全に違う様式の建物を重ねたかのように、唐突にガウディ独自のデザインが展開していることである。

塔は、下の屋根の部分から教会全体の他の部分と密接に結びつきながら、ぐんぐん上空へと伸びる。柱のまわりにかたどられた装飾は、ガウディが日頃海岸や田園で集めた自然のオブジェ（貝殻、草花、木の実）がもとになっている。

ガウディは市民の身近な日常生活からもファサード・デザインのためのモチーフを集めている。例えば、少しねじったような彫刻がほどこされた柱は、当時バルセロナで人気を集めていた棒状のキャンディがもとになっている。

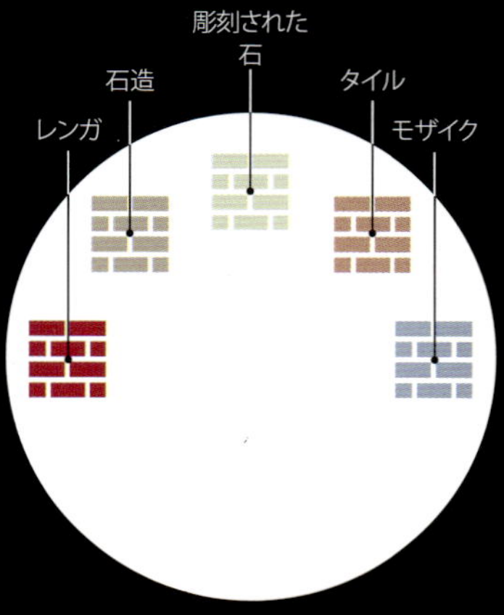

ガウディのサグラダ・ファミリアの構造は、科学的、また力学的な法則によって裏づけられている。例えば、斜めになっている柱や、ガウディ独自の放物曲線の使用が特徴的で、これらが、この教会の神聖な空間をつくり出す重要な要素となっている。ガウディは自分の考えを実行に移すうえで、図面や構造計算よりも、たくさんの種類の模型をつくって実験することに重きをおいていた。実際アトリエで、本物そっくりの詳細な模型を様々なサイズでつくっている。また、理想的な放物曲線を考えるために、まず２本のロープを横にはり、そこから錘をつけた別のロープを多数つるしてバランスを見ながら、石造にとって最も理想的な放物曲線の角度を決めるというユニークな方法を試みた。

この教会の鐘楼の下の部分は、ごくふつうの石積み工法で建造され、トレーサリー（アーチ型の窓の上部にはめこむ装飾用の石の組子《くみこ》）のついたネオ・ゴシック様式の窓が埋め込まれている。４本の鐘楼を覆う石の表面には、バルセロナ近郊の海や山からガウディがインスピレーションを受けた貝殻や自然のフォルムの装飾がつけられた。また、カタルーニャに古くから伝わる石積み、レンガ積みの工法をできるかぎり取り入れて地元らしさを強調する一方、モザイク・タイルだけはベニス郊外、ムラノのガラスタイルが使用された。ガウディのアトリエでは、ネーブ（身廊）部分の10分の１の精巧な模型がつくられ、筋交いなしに建物を支えるための斜めの柱や、薄いシェル状のボールト（天井）など、新しい構造を生み出すための実験がくり返された。

鋳型でつくられた柱頭の上の細い石の柱は、タイルの貼られた塔を支えるため、垂直軸からわざとずらして斜めに設置されている。

ファサードの上部、アーケード（廊下部分）は、幾何学的に削られた石でできていて、奥まったところにクリアストーリー（ゴシック風建築の高窓の並んだ明かり層）とよばれる採光窓がつくられた。

ヴァルター・グロピウス（1883-1969）

GROPIUS

バウハウス

1925-26　デッサウ（ドイツ）

20世紀はじめの25年間に建設された世界中のすべて建築物のなかで、ドイツのデッサウ市に建てられた国立造形学校バウハウスこそ、近代建築とそのデザインを最も象徴する記念碑的作品といえるだろう。このプロジェクトの主任建築家がヴァルター・グロピウスで、その後全世界に広まった「モダニズム様式」の創始者の一人として歴史に名前が刻まれることになる。

鉄筋コンクリートや、ガラスのカーテン・ウォール（自由な壁面）が世界中であたりまえになった現在では、このバウハウスの建物は至極ありきたりに見えるかもしれない。しかし、これが建てられた1926年という時代の、欧米の公共建築の世界では、まだまだ19世紀末から続く伝統的な様式が主流だったことを考えると、きわめて革命的なプロジェクトだったことがわかる。もちろん、これより30年ほど前に、シカゴ派が石造と鉄骨を

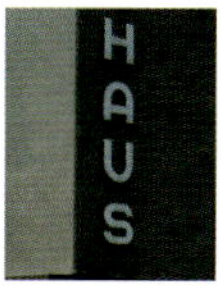

1907–10

工業建築の第一人者、ペーター・ベーレンスのもとで研修。

1914

ドイツ工作連盟の展覧会で工場とオフィスの模型制作に参加。

1919

バウハウス・ワイマール校の校長になる。

ミックスさせた新しい建築を完成させていたが、彼らのファサードのデザインは、進歩した技術を新古典主義様式で、わざと隠してしまうものだった。その反対にバウハウスの場合、設計者はまったく迷うことなく、20世紀の技術と工業の進歩を建築デザインにストレートに表現している。

著書『新しい建築とバウハウス（*The New Architecture and the Bauhaus*）』で、グロピウスは「我々の野心は、才能のある芸術家を発見し、その才能に磨きをかけ、さらに彼らを現実社会に役立つように教育することである」と述べている。バウハウスのコースは、美術と工芸に分かれていて、まず、マテリアルの選択、フォルム、色彩入門などの授業が行われた。

しだいにバウハウスは、大量生産のための工業デザインのプロトタイプ（原型）や、新しい建築を生み出す実験的な研究所へと変化していった。しかし、グロピウスは、同業者やマスコミから批判を受けるようになる。当時のある住宅誌には、「同じ指導方針のもとで、芸術的な表現と工芸の技術的な訓練を同時に行うのは難しいのでは？」という疑問を投げかける記事が掲載された。

グロピウスは、すべての芸術と工芸が協力しあってこそ、時代を切り開く近代建築を実現できると信じていた。しかし、多くの建築批評家たちは、その後の世界的なモダニズム様式の発展において、工芸的なものがデザインから切り離されていった現実に注目する。

その後長年にわたるモダニズムの影響で、世界中で四角い箱のようなシンプルな建物が尊重され続けることになり、やっとポストモダンの時代になって、もっと自由なフォルムや手工芸的な装飾が現代建築のなかで再発見されるようになる。

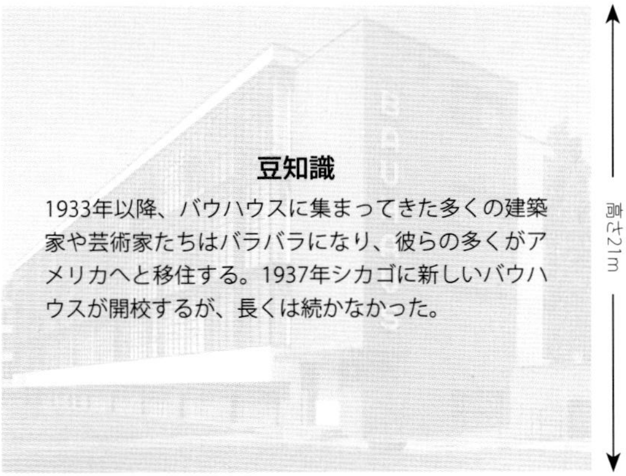

豆知識

1933年以降、バウハウスに集まってきた多くの建築家や芸術家たちはバラバラになり、彼らの多くがアメリカへと移住する。1937年シカゴに新しいバウハウスが開校するが、長くは続かなかった。

1925

政府からの援助が打ち切られ、バウハウスはデッサウへと移転する。

1925–26

バウハウス・デッサウ校の新校舎や関連施設を設計する。

1932–33

バウハウス・デッサウ校が閉鎖されベルリンに移転するが、ナチスによってすべての活動が禁止される。

1934

ナチス政権のドイツでは、正しい近代建築の発展は不可能だと感じたグロピウス。同年、ドイツから亡命する。

デッサウのバウハウスの校舎と敷地は、3つのエリアに分かれている。大きなガラス窓のファサードのある建物がアトリエ館で、その中には教授たちの居住空間もある。校舎とアトリエ館は、屋根のついた連絡ブリッジでつながっていて、通路の脇には教員室、事務室などの管理棟がつくられた。道の反対側には工業館があり、技術訓練を行う教室と研究所などが続く。集会室と食堂もあるアトリエ館は6階建て（地上4階地下2階）で、一部学生寮になっていて、こちらも他のブロックと通路を通って行き来することができた。グロピウスの設計は、それまでの伝統的な建築ではあたりまえだった左右対称の法則を打ち破るかのようであった。敷地内に入った訪問者が右まわりに歩いて、自然にそれぞれの建物の配置がつかめるような、全体の流れと連結方法、また各建物のかたちを考えぬいたのである。室内では、サインとよばれる標識のデザイン、全体の色彩計画、また家具や調度品などにいたる、すべてのものが、「バウハウスらしいデザインとは何か」を表現している。

全体の構造は鉄筋コンクリートで、荷重を支える柱はファサードから少し後ろに下がった場所に建っている。

スチールの枠組みで補強されたガラスのカーテン・ウォールは荷重を支えず、コンクリートの構造体部分から独立して建っている。

実験工房館のファサードは、世界に先駆けてガラスのカーテン・ウォールで建てられ、このカーテン・ウォールはその後、国際的な「モダニズム様式」のシンボルとなった。窓の部分は、コンクリートの柱より前面につくられ、ファサード全体がすっきりと一体化されて見える。

多くの窓には換気がうまく行えるよう、スムーズに回転して開閉できる特別な工夫が見える。鎖と滑車のシステムによって、どの窓のサッシも同じように開けることができる。

鉄筋コンクリートの構造体には、機能を追求するばかりでなく、わざと形を整えたり、柱の縁を面取りしたりといった彫刻的な仕上げが見られる。

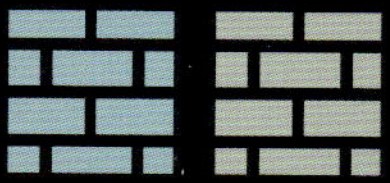

バウハウスは、芸術とデザインの実験的な研究機関として有名だったので、特にアトリエのある建物や、裏手のスタッフの住居部分では、ガラスのカーテン・ウォールや彫刻的なコンクリートの構造体など、前衛的なデザインが光っている。

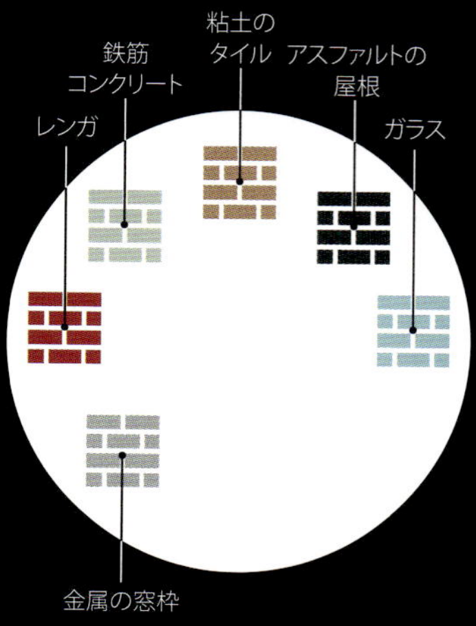

平面図を見ると、すべての建物が直線的で、バルコニー以外にカーブがまったく使われていないことがわかる。これこそが、世界的に有名な「モダニズム建築の箱形平面図」である。室内はさらに入れ子の箱のように分割され、各部屋の機能が、例えば教室、実験室、学生食堂、またはレクリエーションルームといったように明確に区別されている。一番大きなブロックは地下室つきのアトリエ館で、3階にわたって、工芸、商業技術、貿易を学ぶ教室があった。さらにこの建物は、教員室、事務室などの管理棟をかねた連絡通路のようなエリアを通って、工業技術の訓練をする工業館とつながっていた。また、学食やホール、さらに実験工房のあるブロックも連結され、複数の建物が一つのデザインとしてうまくまとまっている。

アトリエ館の窓はプレハブ工法でつくられた。窓はユニークな滑車のシステムによって機械のように精巧に開閉する。

一番下の階の支柱は、強度を高めるため頭の部分が少し広がっている。

バウハウスの複数の建物はプレハブの鉄筋コンクリート造で、現場で組み立てられた。柱と柱の間にあるレンガの壁は白くペイントされ、支柱は室内にむき出しになっている。地下の部分では、より強く荷重を支えるように、柱はキノコのように上部が広がったかたちにデザインされた。床面は柱と柱を結ぶ梁《はり》によって支えられ、その上は鉄筋の鋳型と粘土タイルで覆われている。屋根全体はフラットで、鉄枠がはめこまれた窓には、あらゆる天候を想定した、オリジナルな密閉システムが導入された。学生寮のある建物の屋上は、中庭としても使えるように、コンクリートのタイルが敷きつめられている。その他の建物はアスファルト系のマテリアルで覆われていたが、数年後に他の材料でリフォームされた。

ウィリアム・ヴァン・アレン（1883-1954）

VAN ALEN

クライスラービル

1928-30　ニューヨーク（アメリカ）

1928年に工事が始まり30年に完成したクライスラービルは、マンハッタンで1920年代後半におこった高層建築ブームで建設された数多くのビルのなかで、最も優れたプロジェクトの一つだろう。高層ビルは、ヒューマンスケール（人間に一番適したサイズ）を無視していると、よく批判される。つまり、高層ビルは天空を支配し、人間を寄せつけない強力なパワーで、商業文化へのあつい信頼と野望を大胆に表現しようとしているのだ、と。しかし、クライスラービルの場合、どこか人間味が残っていて、見上げた人の多くが親近感をもつ、何か特別な魅力を備えている。

このビルは、自動車会社社長ウォルター・クライスラーによる「自身の会社のために誰よりも目立つ本社を建てたい！」という欲求によってつくられた。設計したウィリアム・ヴァン・アレンは、高層ビルのプロジェクトを数多く手がけているが、最終的にクライ

1868

ニューヨークで最初のオフィス・ビルに、エレベーターが設置される。

1894

スチールの枠組みが初めて鋲どめで施工できるようになり、ますます簡単に高層建築が建てられるようになる。

1896

建築家ルイス・サリヴァンが「フォルムは機能にしたがう」という名言を残す。

スラービルが代表作となった。ヴァン・アレンとクライスラーは、学生時代に工業エンジニアリングを学んでいたという点で共通し、意気投合したようだ。

ヴァン・アレンの場合、エンジニアリングを勉強した後、奨学金を得てパリのエコール・デ・ボザール（官立美術学校）に留学。洗練されたヨーロッパの装飾芸術や、当時流行だった「アールデコ様式」を習得して帰国したため、その影響がクライスラービルのインテリアにも強く表れている。かわって、外観のデザインは、ヨーロッパのイマジネーションあふれるデザインとアメリカの工業デザインが、非常にバランスよく合体したものになっている。

アールデコ風味が、マテリアルの質の高さと工芸技術の巧みさによって強調され、印象的なデザインに仕上がった。たいていこういった工芸的な要素は、当時の進歩的な技術を取り入れた高層ビルの現場では、どこかあやふやになったり、ないがしろにされがちだったが、クライスラー社自体の成功が、伝統的な技術や、昔からの美的な基準を守ったことで達成されていたおかげで、この本社ビルでも、そういうスピリットがうまく生かされている。クライスラービルの外観は、正直、洗練されているというより、キッチュかどうかスレスレのものだという人もいるかもしれない。しかし、このビルでは、当時のアメリカならではの輝かしい起業家の成功を表すために、アールデコ様式が絶妙なかたちで取り入れられ、新鮮な外観ができあがった。

ヴァン・アレンの設計コンセプトは、荒々しさとエレガントさを両立させることだった。クライスラービルは、道路から少し下がった位置に基礎がつくられ、そこから上階へとそそり立ったのち、最上部に尖塔をつくるという点で、周囲の建物と基本的に似ている。しかし、そのレンガで覆われた表面や装飾的なディテールによって、まわりの実用本位の建物と比べて、どこかユーモアがあり明るい個性が光っている。

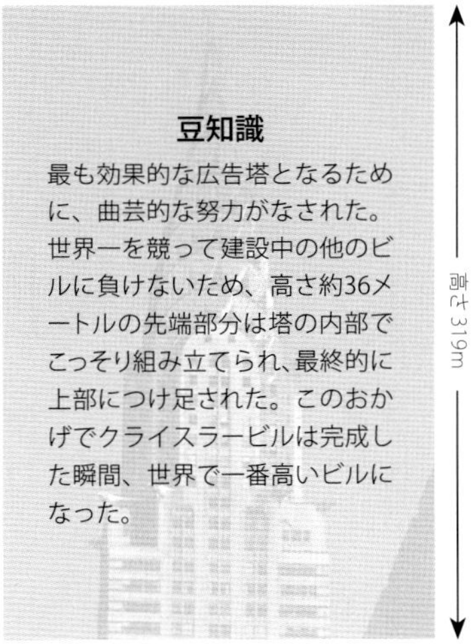

豆知識

最も効果的な広告塔となるために、曲芸的な努力がなされた。世界一を競って建設中の他のビルに負けないため、高さ約36メートルの先端部分は塔の内部でこっそり組み立てられ、最終的に上部につけ足された。このおかげでクライスラービルは完成した瞬間、世界で一番高いビルになった。

1916

マンハッタンの建築法規の改正により、しだいに独特の摩天楼がそびえ立つ未来都市への基礎がかたちづくられる。

1920

ル・コルビュジエが考案した都市計画のなかには、高層住宅のアイデアも含まれていた。

1922

『シカゴ・トリビューン紙』が開催したコンペが、摩天楼デザインの競争を一段と激しくする。

1929

襲いかかる世界恐慌が、戦前の高層建築ブームを終わらせる。

ウィリアム・ヴァン・アレン　28　クライスラービル

このビルの一番の特徴は、もちろん上空へと伸びる垂直なラインだが、同時代の他の高層ビルより少し細身のため、見上げた人たちはより高いような錯覚をおぼえる。建物全体は、基礎、塔の部分、クラウン（冠状の上部）という３つの部分に分かれ、その３つが絶妙に関係しあっている。また、空まで伸びる尖塔がそそり立つクラウンの部分は、まるで商業のためのカテドラル（大聖堂）のように見え、基礎部分のアメリカを象徴するワシの装飾は、工業に対する信頼を表している。外観の装飾は、クライスラー社の自動車産業がモチーフで、タワーの各コーナーの翼面は、クライスラーのラジエーターキャップをイメージしたメタルで覆われ、その下のスペースには車のホイールキャップを思わせるスチールの円盤状のフリーズ（装飾帯）でアクセントがつけられた。

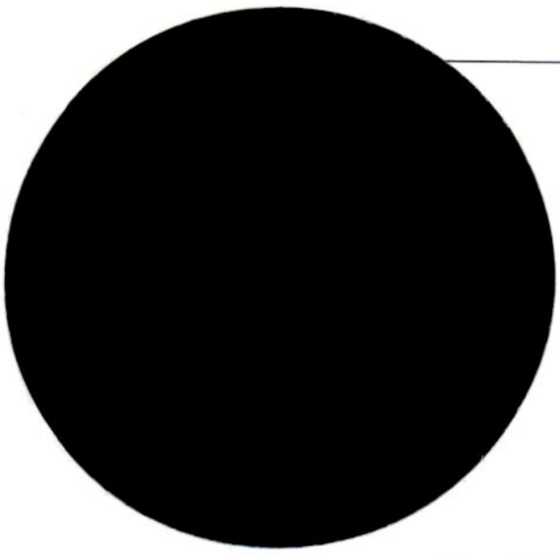

ドームのラジエーターのようなラインの入った部分には、光沢のあるスチールが使われ、昼夜を問わず建物をキラキラと輝かせている。

鋭い三角形の屋根が、曲線を描くスチールの帯とすばらしいコントラストをつくり出し、クラウン全体をリズミカルで力強い印象にしている。

はめ込み窓のついたフードのような先端部分が尖塔へと続く様子は、展望階のアーチを描く天井とともに、どこかゴシックの教会建築をおもわせる。最上階からの眺めは、ニューヨークで一、二を争うほどすばらしい。

ドームにはられた光沢のあるステンレス・スチールは、日中は太陽を反射し、夜間は下から見上げたとき、スポットライトがあたったようなドラマチックな効果を生み出した。

窓の三角形のデザインは尖塔の輪郭と調和し、高層ビルならではの、空へとぐんぐんつきささっていくイメージを強調する。

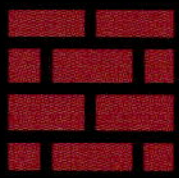

クライスラービルは、レンガの表面と装飾的なマテリアルのおかげで、周囲の機能的なだけで面白みのないビルのなかで、ひときわ目立ち、どこか軽快な印象を与える。

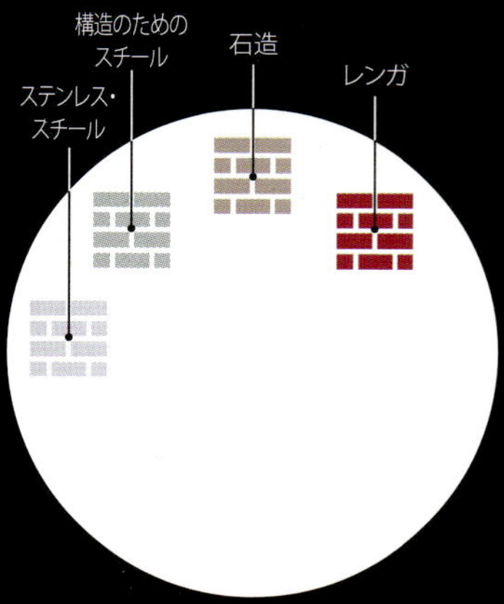

クライスラービルは、道路に面した基礎部分から最上階の尖塔まで三角形がテーマだ。しかし、クラウンと尖塔のある最上部では、上へ上へとくり返し、継続的な動きをつくり出している曲線によって、三角窓の鋭い雰囲気が、うまくやわらげられている。この部分のテクスチャー（質感）が、タワー全体で大量につかわれたレンガ部分の単調な雰囲気を壊し、見る人にビル全体が多彩なマテリアルでできているような錯覚を与える。また、ピカピカ光るスチールでできたラジエーターのようなラインのおかげで、全体がまるで宝石のように魅惑的に輝いて見える。クライスラービルのプロジェクトによって、ヴァン・アレンは、当時の華やかなジャズ時代のニューヨークをたたえる賛美歌のような、躍動感と上品さをマッチさせた作品を完成させることができた。

尖塔とドームの部分に使用された外装材は、第１次世界大戦のときにドイツ軍が「ビッグ・バーサ」とよばれる高性能キャノン砲のために開発したものである。

ヴァン・アレンは、高層ビルの設計を専門にしていたが、クライスラービルは他のどの作品とも違う個性を持っている。この建物は、次の10年間に流行したインターナショナル・スタイルとよばれる装飾のないシンプルなデザインより、どちらかというと19世紀後期の高層建築のデザインのほうに似ているかもしれない。このビルの構造は、石造で囲まれたスチールの枠組みでできていて、ドームはさびどめのためニッケルメッキで仕上げられた。およそ20,961トンのスチールによって枠組みがつくられ、391,881の鋲《びょう》でとめられている。全部で3,862の外が見える窓が77階にわたってあり、エレベーターは34基設置された。工事に使われた3,826,000ものレンガのほとんどにクライスラー社の紋章が押印されている。そして、現在でも、レンガで仕上げられた世界で１番高いビルという記録を保持している。

窓部分は非常に薄く、半円をえがくラインからほんの10センチ弱奥まっているだけなので、外観にピリッとした緊張感がただよう。

ル・コルビュジエ（1887-1965）

サヴォア邸

1928　ポワシー（フランス）

サヴォア邸に向かってだんだん近づいていくと、目の前に白い建物が現れた瞬間、コンクリートのかたまりが地面からふんわり浮かび上がっているような錯覚をおぼえるかもしれない。この邸宅は３方向が林に囲まれ、とても手入れの行き届いた芝生の上に建っている。室内の窓から見える残りの１方向には、セーヌ渓谷の眺めが広がっている。オーナーのピエールとエミール・サヴォア夫妻ばかりでなく、ゲストにとってもすばらしい気分転換となる静かなこの別荘は、パリから通勤圏内の郊外イル・ド・フランスに位置している。サヴォア邸は、ル・コルビュジエがきちんと効果を計算してつくり上げた「絵画の中の絵画」のような空間である。

真っ白に塗られたコンクリートのファサードと、ガラスをふんだんに使ったすっきりしたフォルムは、今見ても非常にモダンであり、とりわけ、マテリアルとインテリア・デ

1907

イタリアに旅行したル・コルビュジエは、パラディオ作のヴィラのシンプルな美しさに感動する。

1910

ル・コルビュジエはドイツに滞在し、工業建築のパイオニアだったペーター・ベーレンスのもとで働く。

1914–15

「ドミノシステム」という住宅建設方法を発表。これは、鉄筋を使って大量に生産できるので、低価格で集合住宅が建てられる。

ザインがその最たるものだろう。ル・コルビュジエのコンセプトは、イタリアのパラディオ（後期ルネサンスのイタリアの建築家）が設計した新古典主義のヴィラ（郊外に建つ邸宅）を進化させつつ、居間を中庭で取り囲むようにするというものである。彼は前もっていくつかの住宅をパリ郊外も含め実験的に試作し、その結果、サヴォア邸を最も洗練されたかたちで完成させることができたのだ。

この邸宅には、入った人たちが錯覚をおぼえるような視覚効果にあふれている。最初に建物の外観を見た人は、細い支柱が構造を支えているおかげで、まるで家が浮いているように感じ、驚くかもしれない。その細い支柱でできた空間の仕組みは、ル・コルビュジエによって「ピロティ」と名づけられた。また、第一印象では建物が長方形のように見えるが、しだいにこれも間違いだということがわかってくる。平面図を見るとほとんど正方形なのに、正面と背面につけられたキャンティレバー（片持ち梁《ばり》）と、また連続して横に延びる窓のふちどりによって、建物全体の水平線が強調され、こういう錯覚が生まれるのである。幾何学的なエリアが対照的な曲線によって強調されるという、キュビスムの絵画を思わせるデザインにより、インパクトのあるエネルギーが空間全体に充満している。

室内空間は、玄関から続き居住空間を抜けて屋上へと抜ける斜路によって、主なレイアウトが決められている。ル・コルビュジエの考えは、周囲の静かな風景のなかで、斜面をのぼっていくことで、人々の目に刺激的に変化する眺めを提供しようというものだった。斜路が最終地点の屋上に到着すると、そこにはソラリウムとよばれる日光浴のためのエリアがあり、壁には、まるでセーヌ渓谷の自然の風景を絵画にかえてしまうかのようなガラスのない額縁のついた窓が開けられている。ここでの自然とは、邸宅の内部での楽しい生活を彩るために必要な「静かな背景」なのである。

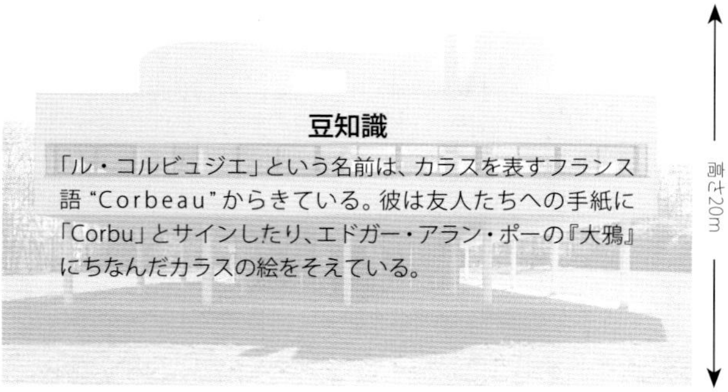

豆知識

「ル・コルビュジエ」という名前は、カラスを表すフランス語 “Corbeau” からきている。彼は友人たちへの手紙に「Corbu」とサインしたり、エドガー・アラン・ポーの『大鴉』にちなんだカラスの絵をそえている。

1916

パリで絵画を学び、「キュビスム様式」に影響を受ける。

1920–25

『レスプリ・ヌーヴォー誌』を発行し、初めてル・コルビュジエというペンネームによる原稿を掲載する。

1922

初のピロティによって、建物全体が浮かび上がって見える「シトロアン住宅」を発表する。

1928

ル・コルビュジエが提唱した「近代建築の５原則」をすべて具体的に表している「サヴォア邸」が完成。

サヴォア邸は、パリに住む裕福な夫妻の週末の別荘として設計された。室内の配置は一見単純で、それぞれ浴室のついた３つの寝室、ブードワールとよばれる女性のための部屋などの上に広い居間があり、１階部分には運転手やメイドの居住空間がつくられた。このレイアウトは、18世紀のイタリアでヴィラを設計する際に流行した「ピアノノビーレ（主要な階を２階につくる様式）」のように、主要な玄関は２階にあり、地上部分からのぼってアクセスするタイプの様式をもとにつくられている。サヴォア邸では、主要な階は細い支柱で支えるピロティの上の部分に位置する。オーナーの寝室や居間は南向きで、ガラスの入った窓とテラスに囲まれている。そのエリアには、一日中さんさんと光が差しこみ、また屋上には、ソラリウムとよばれる日光浴のためのスペースもつくられた。

階段の垂直かつ螺旋状のデザインは、室内の水平線が強調された空間に絶妙なコントラストを生み出す。

ファサードの大きな窓から室内の奥のほうまで光を届けるため、階段の立面はところどころ壁が切りとられたようなデザインになっている。

上階の、テラスで囲まれた主寝室は、連続するガラス窓のある壁面から少し離れた場所に配置されている。また、連続するガラス窓をデザインした建築家は、それまでの伝統的な一つひとつ仕切りのついた窓枠より、室内に8倍もの自然光が入るように見積もっていた。

サヴォア邸のデザインには、いくつかの住宅設計の経験を通して考えぬかれた、ル・コルビュジエの「近代建築のための5原則」が完璧なかたちで表現されている。住宅のメインフロアーを高い場所にあげる列柱やピロティは、そのまま建物の荷重を支えるようになっているため、ファサードを自由にデザインできるようにしている。その結果、内部も自由にレイアウトできるため、ル・コルビュジエはこれを「自由なプラン」と名づけた。また、石造の建物では不可能だった、壁面いっぱいに連続する窓があけられるようになり、室内にはより多くの光が差しこむ明るい空間がひろがった。そして、壁が荷重を支えないことで自由な立面が可能になり、屋上を平らにすることで屋上庭園がつくれるようになった。また、邸宅自体を周囲の風景から独立させて、住宅そのものを一番効果的に目立たせている。

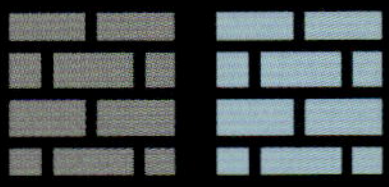

この邸宅のデザインには、訪れる人が錯覚をおぼえるような不思議な視覚効果が計算されている。例えば、上から見ると、正方形にもかかわらず、ずっと水平方向に延びているように見えたり、細い支柱で支えられていので、建物全体が浮かんでいるような印象を持つ。

スロープと壁が交わる地点の角度は、幾何学的なプロポーションで独特のリズム感があり、建物の構造が持つ堅苦しい雰囲気をやわらげている。

螺旋状の階段を登っていくと、屋上庭園へと出る。この庭園は船の煙突を思い出させるシリンダー状の構造が強いアクセントになっている。他にも船舶からインスピレーションを受けて、スチール・レールが使われ、白いコンクリートと対比するように黒くペイントされている。

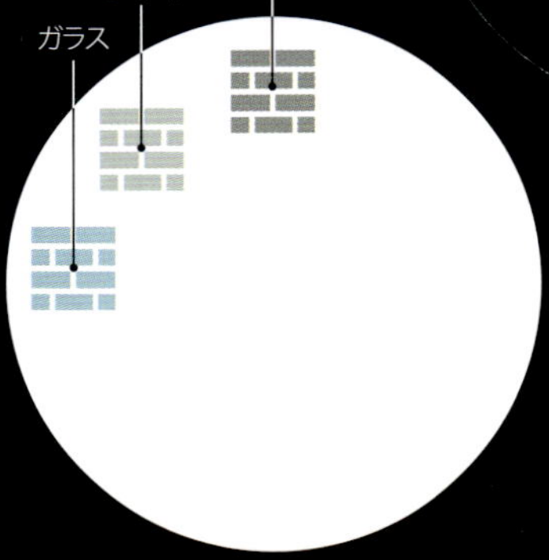

サヴォア邸のほとんどすべての部分で、当時は高価なマテリアルだった鉄筋コンクリートが使われ、「柱とスラブ（コンクリート床面）」とよばれるシステムによって建てられている。一定間隔で配置された列柱はそれぞれが基礎を持ち、独立する骨組みをつくることで、建物の荷重を支えている。構造を支える柱は途中の天井を通り抜け、屋上まで持ち上げている。荷重を支える耐力壁が不要になり、内部の仕切り壁や室内全体にどんな材料を使ってもかまわなくなった。そのため、2階にあるテラスを取り囲むように、手で簡単に左右にスライドして開けられるガラス扉をとりつけることができた。屋上のスクリーンのようなフォルムのコンクリート壁の重さは、地上階のピロティ部分に、スラブを通して伝わっている。

コンクリート造の長所をうまく生かした曲線的な階段は、どこまでも続くかのような欄干によってよりインパクトのあるデザインになった。

空間全体のきっちりとした直線的な雰囲気のなかで、階段の曲線はすばらしいコントラストをつくり出し、中に入ってきた人たちのフォーカル・ポイント（室内の目玉となるデザイン）となっている。

フランク・ロイド・ライト（1867-1959）

落水荘

1935-37　ペンシルバニア（アメリカ）

フランク・ロイド・ライトは、50年以上にわたり最先端の建築家として活躍し、主に多数の住宅作品を通して、「アメリカならではの建築」の発展に貢献した。彼が独立して、最初につくった作品は自宅とスタジオだった。横に長くて天井の低い「プレーリー・ハウス（草原の家）」と名づけられたこの家は、その後の一つの様式のプロトタイプ（原型）となり、第1次世界大戦の直前まで、ライトはこれに改良を加えながら同様の住宅を設計し、その後、1930年代に入ってから、この様式を再度とりいれながら作品をつくるようになる。

1935年にプロジェクトがスタートした「落水荘」は、大手デパートの社長だったエドガー・J・カウフマンのための邸宅で、おそらくライトの作品の中で最も有名で、また世界中の建築業界に影響を与えたものといえるだろう。住宅が建つ予定の広い土地は、すで

1889

フランク・ロイド・ライトは、自宅とスタジオを「プレーリー・スタイル（草原様式）」で設計する。

1894

シカゴのアーツ＆クラフツ運動の創立メンバーとなる。

1901

プレーリーハウスの設計コンセプトとスケッチなどが、『レディースホームジャーナル』誌に掲載される。

にオーナーが所有していた。ライトは現場を見学した際、森に囲まれた岩がごつごつと出ている丘の中腹で、下に川が流れ小さな滝になっている、という一番難しいポイントにわざわざ家を建てる決断をくだす。

設計コンセプトは、プレーリー・ハウスを部分的に参考にしているものの、中央の核となる部分からかなりのスペースが外に向かって飛びだし、低い天井と壁は自立したスクリーン（荷重を支えない間仕切り）になっている。そして、アーツ＆クラフツ運動の強い影響も見られると同時に、ライトの作品のなかでは、コンクリートのテラス、石の構造が幾何学的なので、めずらしくモダニズム様式の建物と思われがちである。

しかし、この家を構成する各スペースが連続する様は、箱と箱を融合させていくというより、どちらかというと有機的な流れがベースになっているという点で、モダニズム様式とは異なる。ライトは、自身の住宅へのアプローチを「箱を破壊する」「住んでいる人が壁によってまわりの環境と切り離されてしまうのではなく、まわりの自然の一部となるように」などと説明している。

落水荘のプロジェクトで、一番メインとなるエリアはテラスで、斬新な「屋外にある部屋」の実例となった。丘の中腹から建物の構造全体が自然のまっただなかへと延びていて、岩の上に建てられた暖炉のある居間が空中にせりだしている。

オーナーは、室内やテラスから滝が眺められるように、反対側の場所に家を建てることを建築家に望んだ。しかし、ライトのこの住宅へのひらめきはほとんど神秘的といえるレベルで、住人の暮らしを周辺の環境の中におし拡げることで達成させたいというものだった。

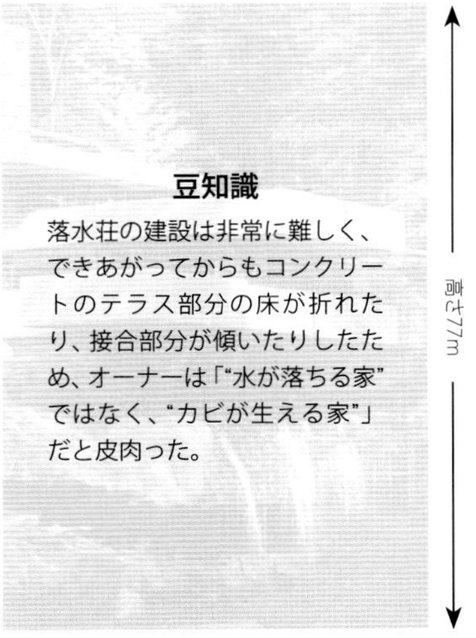

豆知識

落水荘の建設は非常に難しく、できあがってからもコンクリートのテラス部分の床が折れたり、接合部分が傾いたりしたため、オーナーは「"水が落ちる家"ではなく、"カビが生える家"」だと皮肉った。

1910
アーツ＆クラフツ運動を代表する建築家C.アシュビーがライトの作品を絶賛する。

1926
国際的なモダニズムの動きが、デッサウのバウハウスの完成とともにスタートする。

1935
落水荘の仕事にとりかかる。この作品が彼の考える「有機的な建築」を代表する最高傑作となる。

1940
自らの思想を広めるため、フランク・ロイド・ライト財団を創設する。

フランク・ロイド・ライト　40　落水荘

最初のプランでは、ベアー・ランとよばれる小川と滝を、内部にいる人たちが反対側から眺められる場所に家を建てるはずだった。しかし、ライトは川と滝を家の一部にするべきだとオーナーを説得する。建物は丘の中腹から突き出た岩の上につくられ、居間のなかにも岩が入り込んでいる。ライトは、山並みと調和させるようにわざわざ荒く削られた石を外壁に選んだ。このプロジェクトで一番革新的なのは、テラスのあるバルコニーをつくっている２つのキャンティレバー（片持ち梁《ばり》）の部分で、何の支えもなく、丘の中腹から建物の一部を川の上に浮かばせている。

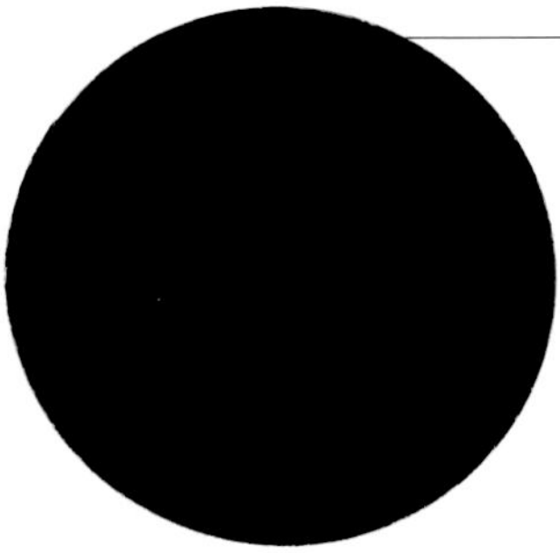

窓の格子がアクセントとなり、殺風景なムードをやわらげ、この窓から小さめの各部屋に光が届くようになっている。

バルコニーの後ろの部分は、石の壁よりほんの少しだけ引っ込んでいるため、丘の斜面から自然に延びているように見える。

キャンティレバー（片持ち梁）という方法でつくられたバルコニーのいくつかは、完成と同時に悩みの種となった。２階のバルコニーが折れはじめ、次に独立した梁として荷重を支える構造になっていた居間部分のテラスが、その機能を果たせなくなった。

石の壁から飛びでたコンクリートのテラス部分は、キャンティレバーと一緒に建物の重さを支えている。

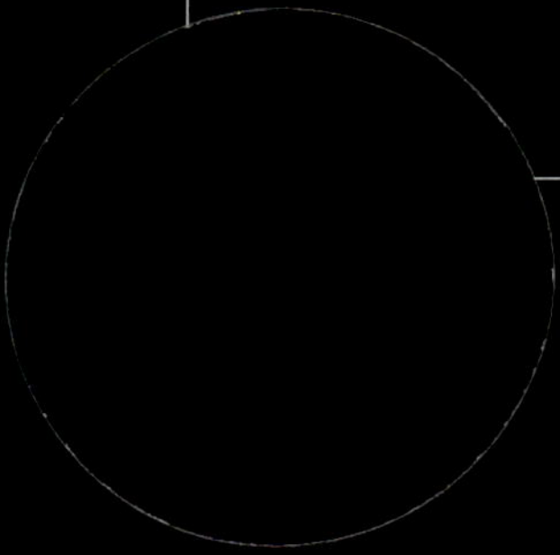

２つのテラスは、鉄筋コンクリートのキャンティレバーのスラブでできていて、部分的に上から見えない梁によって補強されている。

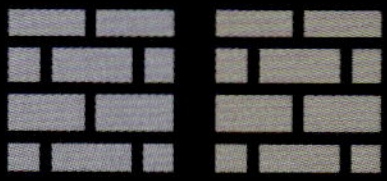

この邸宅は、鉄筋コンクリートのバルコニー、敷石の床、石切り場から採掘された石の桟橋、さらに室内は、金属フレームの窓、ガラスのカーテン・ウォールでつくられている。

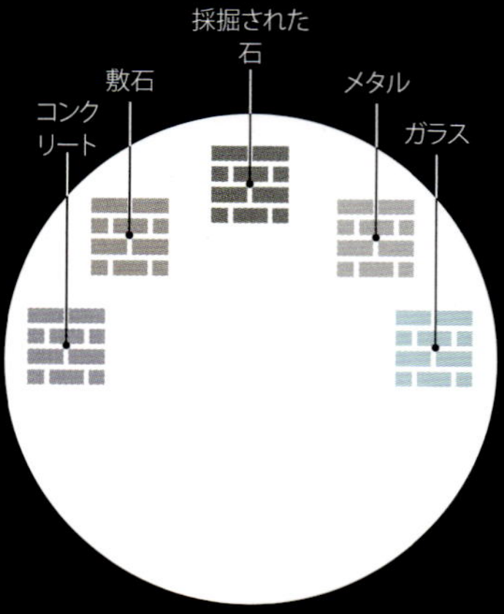

ライトは、「有機的な建築をつくるために、建物と周辺の環境や自然を別々に考えることはできない」と述べている。落水荘では、ライトはまず室内のレイアウトを決め、その後で構造的なかたちを有機的に展開する方法をとった。スチールとコンクリートの張力を使って、ガラスに覆われた内部空間を自由にデザインし、できる限りまわりの風景と建物を一体化させるようにした。「落水荘」の場合、なんといってもその建つべき場所の決定が一番の鍵だった。ライトはその目的や周辺の環境に柔軟に対応して構造を決めるというより、従来の自分のシステムで、なんとかその特別な場所に家を建てるという方法を考え抜いた。

石の壁面と調和するように金属がはめこまれた窓は、カーテン・ウォールでつくられた広いガラス面と巧みなコントラストをつくり出している。

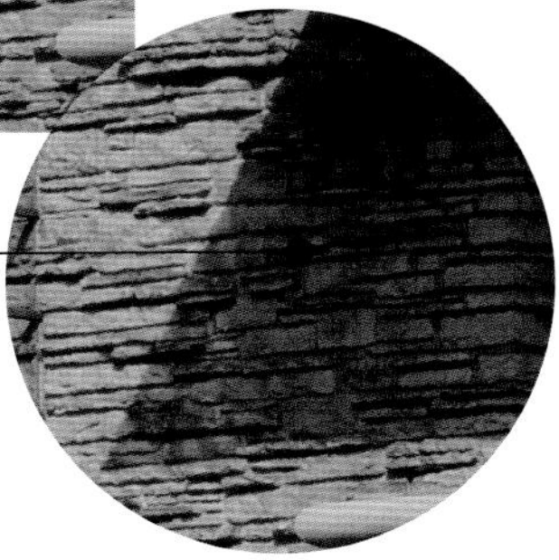

使用された石は、長さ61センチで、幅が30-36センチもあり、石切り場の層のなかでも厚さが際立っていた。

落水荘の工事の期間中、カウフマン氏と、ライト、そして構造エンジニアの間で揉めごとがおこる。オーナーの要望で、エンジニアはテラスと床面をつくるスラブの部分に２倍の鉄骨を使った。その余分な重さがスラブに伝わり、鉄冊が近くによりすぎて、コンクリートが十分に間を埋めることができず、その部分が弱くなってしまった。この失敗でメインのキャンティレバー部分が下がりだし、コンクリートにひびが入る。メインテラスの長さが９メートルまで延びたとき、エンジニアは念のため主要な梁《はり》の下に石の壁を継ぎ足したが、ライトは発見するとすぐにそれをとりのぞいてしまった。今ではその部分にはスチールが入れられ、テラスを支えている。

ミース・ファン・デル・ローエ（1886-1969）／フィリップ・ジョンソン（1906-2005）

シーグラムビル

1954-58　ニューヨーク（アメリカ）

広場にある２つの大理石の噴水を抜けて、シーグラムビルに近づいた人たちは、トラバーチン（石灰岩の一種）の台座のシンプルなポーチの方向へと導かれる。そこでブロンズのタワーが空高く上へ上へと向かっている様を目にするだろう。しかし、このシーグラムビルは、ニューヨークの中心部に林立する富の象徴のような多数のオフィスビルとは一線を画す特別な高層建築である。設計したのは、1920年から30年代のドイツで、ヴァルター・グロピウスとともにモダニズム様式の先駆者となったミース・ファン・デル・ローエである。この作品は国際的に広まった「モダニズム様式」の最高傑作の一つとなった。

世界初のモダニズム様式の代表例は、ドイツのデッサウに建てられたバウハウス（P20-25参照）といわれている。モダニズムは、それまでのヨーロッパの伝統的な建築様式、および社会的な価値にまったくとらわれない非常に革命的なもので、当時の建築家たちは、「これからの建築デザインでは、その建物の目的だけを追求すべきである」と考える

1930

ミースはグロピウスの後を継いで、デッサウのバウハウス校長となる。

1932

デッサウのバウハウスがナチスによって閉校され、バウハウスはベルリンへと移転する。

1933

ベルリンのバウハウスも閉校となり、ミースはドイツを離れアメリカに移住する。

ようになった。ここで優先されるフォルムは幾何学的なもので、室内空間は、まず外側のかたちが決定された後、その内部をうまく分割してできた空間を最大限に生かす、というものだった。またできる限り、鉄筋コンクリートなどの工業的な手法を取り入れようとした。

モダニズムの建築家たちは、いち早く金属のサッシがついた窓とガラスのカーテン・ウォールを開発し、ビルの内部までより多くの光が差しこむような建物を設計した。シーグラムビルでは、その考えやデザインがより洗練されたかたちで展開し、ブロンズの窓枠のなかにスモークガラスがはめこまれている。モダニズム建築のビルでは、最初は使われたマテリアルが特徴的であった。また、進んだ構造を取り入れることで、ファサードをすっきりとシンプルなものにすることも重要だった。シーグラムビルでミースは、ブロンズや大理石といった高価なマテリアルを使うことで、優れた構造上の魅力をさりげなくアピールしている。これより半世紀前には、ルイス・サリヴァン（P8-13参照）がウェインライト・ビルディングで構造を隠してファサードのデザインをしていたが、ミースの場合、「Iビーム」とよばれるパーツやブロンズのパネルを巧みに使うことで、スチールの枠組みを美しく整えている。

モダニズムの先駆者たちは、ヨーロッパから1930年代にアメリカに移住した人たちだった。第２次世界大戦後、この様式は主にオフィスビルのためのデザインとして世界中に広がっていく。そして、シーグラムビルでミースのもとで働いていたアメリカ人建築家フィリップ・ジョンソンがこの様式を継承していくが、20世紀後半になると本来の精神が失われ、より安っぽいマテリアルを使用して、かたちだけを真似たビルが増えたため、ありきたりのオフィス・ビルのモデルのようになってしまった。

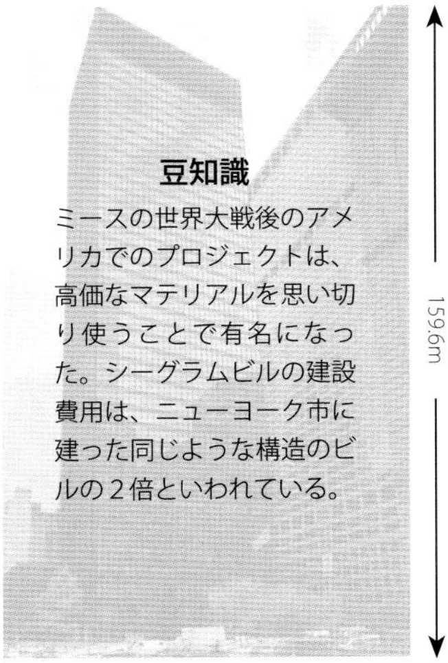

豆知識

ミースの世界大戦後のアメリカでのプロジェクトは、高価なマテリアルを思い切り使うことで有名になった。シーグラムビルの建設費用は、ニューヨーク市に建った同じような構造のビルの２倍といわれている。

1938

シカゴのアーモア工科大学の教授に任命される。

1951

スチール・フレームを使って、シカゴに「レイクショア・ドライブ・アパートメント」を完成させる。

1954

ニューヨークで、シーグラムビルのプロジェクトにとりかかえる。

1963–68

モダニズム様式で、ベルリンの国立博物館の新ギャラリーを設計する。

ミース・ファン・デル・ローエ／フィリップ・ジョンソン　46　シーグラムビル

シーグラムビルは、カナダの酒造メーカーの本社ビルとして設計された。38階建て(159.6メートル)のシンプルな長方形の高層ビルで、ニューヨークのパークアベニューに面して建っている。後ろ側に4階建てで、メインタワーの4割という配分のサイズの別館が増築された。この作品は、道路のラインおよびニューヨークの高層ビルのために決められた、通常の敷地の境界線からもさらに後退しているという点でも、周辺のビルと異なっている。シンプルな幾何学的なフォルムには、ゆるぎのない安定感があり、多くの高層ビルにありがちな、人を圧倒するような押しの強さが感じられない。高層ビルなのに、その高いという感覚さえデザイン効果によって威圧感をうすれさせ、建物全体の輪郭も不思議なほどやわらかく見える。

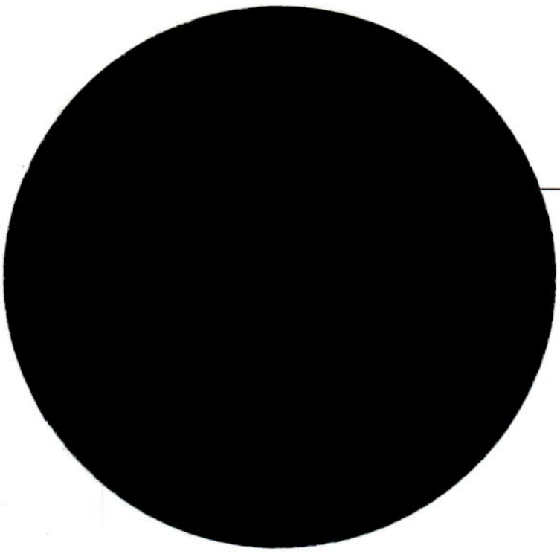

柱のそれぞれのコーナーには、「Iビーム」とよばれるブロンズ材が使われ、ファサードの大きな特徴になっている。

ファサードでは、グレーがかった琥珀色のガラスが入り、同じようにブロンズで枠組みされた窓が5枚ずつのユニットになって、柱の間の1区間ごとに同じものがくり返されている。

ファサードの印象を決める大きなポイントとなっているのが、「Iビーム」というブロンズの構造材だ。これがガラスのカーテン・ウォールを支え、ファサードの交差する部分に覆いかぶさることで、ビル全体がシームレスにガラスで覆われているような錯覚を与える。

ミースは自分の設計のなかに何度も同じエレメント（構成要素）を使っているが、シーグラムビルのファサードは、その最たる例である。

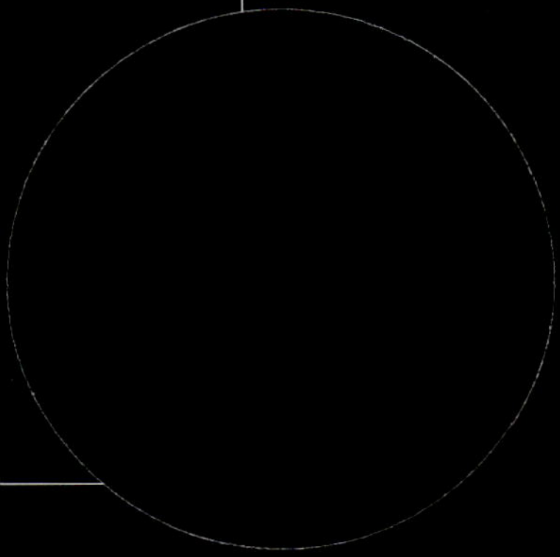

「Iビーム」によってガラスのカーテン・ウォールが補強され、垂直に伸びるタワーは、より洗練されてリズムカルな仕上がりになっている。

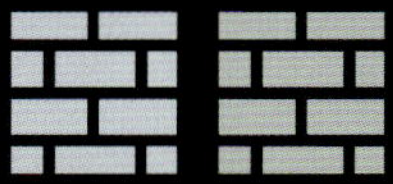

建物はスチール、鉄筋コンクリート、ブロンズ、石灰岩、トラバーチンでできている。

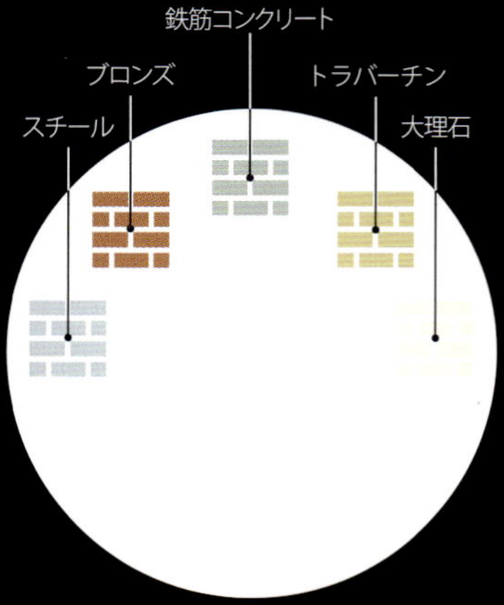

この高層ビルは、大理石でコーナーが囲まれた四角い池のある広場の並びにある。小さな穴が不規則にあいたクリーム色のイタリア製のトラバーチンでカバーされた、鉄筋コンクリートの台座の上に建っている。スチールでできたスケルトン（構造体）は、ブロンズで覆われたコンクリートの柱を支え、カーテン・ウォールになったファサードでは、窓の間に、琥珀色のガラスのパネルがはめこまれている。フィリップ・ジョンソンは、主に１階につくられた豪華なレストラン「フォー・シーズン」の内装デザインを任された。その室内では、装飾として常に金属音をたてるアルミのチェーンがエアコンのある上部から窓を突きぬけ、そのまま噴水のある池までつながっていたので、「チリンチリンとお金を両替する音がする」とからかわれた。

コーナーのコラムと水平線状（横）に延びる「Iビーム」は、モダニズム的な発想で工場で大量につくられたものが使用された。

ガラスのパネルにとりつけられた「Iビーム」は、カーテン・ウォールを補強するだけでなく、柱、および窓の仕切りとして機能する。

ビル全体のエレガントな雰囲気を強調しようと、ビルをピロティで上に持ち上げるという大胆な決定を建築家がしたため、構造を支える下の列柱に大きな重さが加わり、構造エンジニアと建設業者を非常に悩ませた。また、つるっとシンプルな仕上がりに建物を見せるため、風のための筋交いなどがカーテン・ウォールの陰に斜めに入って見えないようになっている。こうした努力によって、強い風に対してコンクリートのコア（核となる構造）を持たずにビルを安定させることができた。室内に入ると、筋交いなどがはっきりと見えるもののブロンズで塗られているおかげで、デコレーションの一部のようになっている。シーグラムビルは、ミースによる建築のトリックであり、その後、建築家ルイス・カーンは、このビルを「スチールのコルセットをつけたスマートなレディのようだ」と表現した。

LLOYD WRIGHT

フランク・ロイド・ライト（1869-1959）

グッゲンハイム美術館

1956-59　ニューヨーク（アメリカ）

ソルモン・R・グッゲンハイムが、自らの抽象作品コレクションのための新しい美術館の建設にあたり、多くの建築家のなかからフランク・ロイド・ライトを選んだ、と発表したとき、ライトの近代美術嫌いを知っていた美術業界の人たちはあっけにとられた。しかし、ライトはその建物自体がコンテンポラリー・アート（現代美術）にとって重要なシンボルとなるような、歴史に残る美術館をつくりあげた。セントラルパークに面した五番街の角地という絶好のロケーションに建つこの美術館は、今でもニューヨークのランドマークの一つにもなっている。巻貝が空まで登っていくような圧倒的なフォルムの外観。内部では、螺旋状に続くスロープが浅めのガラスドームへと続き、天井から自然光がふりそそぐ。ミュージアムの内部は、行ったり来たりしながら作品を鑑賞するスロープで取り囲まれた吹き抜けのホールのようだ。

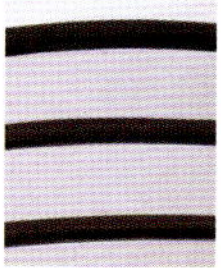

1888

ルイス・サリヴァンの事務所に勤務し、構造エンジニアリングの基礎を学ぶ。

1893

ライト、シカゴ万博で見た日本館に影響を受ける。

1894–1900

ライトによる革命的な「フローティング・ウォール（浮き上がる壁）」という手法は、ボイドを取り囲んで空間を一体化させる。

ライトは、結局実現されなかったドライブイン式のプラネタリウムを計画したときに、どこまでも続いていくスロープのデザインを思いつく。狭いエントランスエリアを抜けてアーチ構造を思わせる空間に入った来場者が、下から上へとまるで煙のように登っていく様子は、ライトの「ユニティ教会」のプロジェクトと共通している。彼は「あなたたちは、そこを通り過ぎることで何か特別な、大きな部屋に入ったような感覚をおぼえるだろう。そこは、今までのふつうの部屋のように四方を壁に囲まれたものではないが、おそらく壁は自由に現れ（中略）……その空間こそが事実を超えた新しいリアリティなのだ」と書き残している。

ライトの中では、「なめらかに展開する空間、光、美術館が提供する体験などが一体となる圧倒的で大きなスペースと、来場者一人ひとりが展示された美術品と出会う親密なスペースの両方が、矛盾せずに無理なく共存する」というイメージが浮かんでいた。また、螺旋状のフォルムは、精神が向上していくことを視覚的に表したデザイン、とも言っている。しかし、美術館がオープンした後、一般市民にとっては大好評だったものの、プロの批評家たちからは、その敷地における建物の位置や、内部の展示方法について、厳しい批判もよせられた。

グッゲンハイム美術館のプロジェクトでライトは、そこに展示されている、それぞれの絵画作品や彫刻作品などの調和を含め、空間そのものが「総合的な美術作品」となる建築設計を試みている。ライトは、抽象的なフォルムと鉄筋コンクリートなどの当時の最先端のテクノロジーを最大限に取り入れ、建築であると同時に彫刻作品となる建物を目指した。

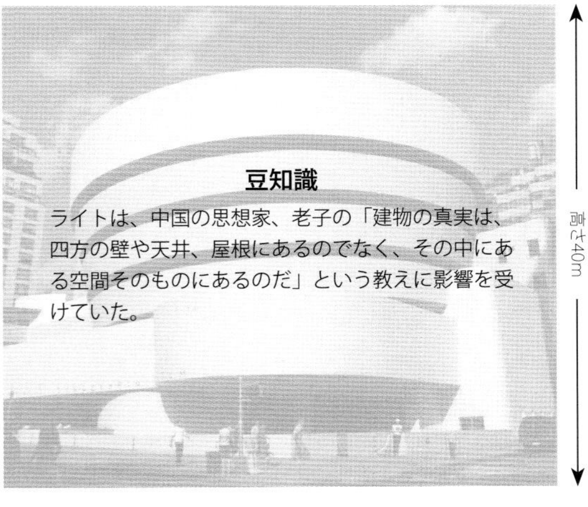

豆知識

ライトは、中国の思想家、老子の「建物の真実は、四方の壁や天井、屋根にあるのでなく、その中にある空間そのものにあるのだ」という教えに影響を受けていた。

1906

シカゴの「ユニティ教会」という作品でライトは、開放的な公会堂やホールの空間をつくり出す独自のアイデアを思いつく。

1925

S.グッゲンハイム、ヨーロッパを訪問。抽象的な美術作品のコレクションをはじめる。

1943

ライト、初めてグッゲンハイム美術館のコンセプト・ドローイング（スケッチ）を描く。

1956

ふさわしい敷地を探すのに長い年月がかかり、ようやくグッゲンハイム美術館の工事がスタートする。

グッゲンハイム美術館は、自然界でのさまざまなフォルムの成り立ちを参考にして生まれた「有機的な建築」という分野での、ライトなりの思想がかたちになったものである。ここで構造は、視覚的にも環境的にもその思想とマッチし、また建物が建つ敷地にも密接に関連すべきと考えられた。巻貝のような建物のかたち、長いスロープのある空間のなかに、大きくつながった一つの部屋をつくる、というライトの考えが実践されている。各階が層のように分けられている通常の美術館と違って、ここでは一つのフロアが次のフロアまでなだらかに続く。また、建物全体のかたちがコンクリートを鋳型に流し込んでつくられたが、完成後の斬新な動きを感じさせる螺旋状のフォルムには、建設プロセスでの流れるコンクリートのイメージが再現されているようにみえる。

展示スペースは、天井ドームの自然光と壁に設置されたスポットライトによってうまく照らされている。

絵画作品の展示は、来場者のアイレベル（目の位置）に合わせて作品を真正面から見てちょうどいい位置にあるだけでなく、会場のスロープを歩きながら、上と下の部分も同時に視界に入ってくるように考えられている。

フランク・ロイド・ライトは、抽象作品を展示するためのまったく新しい美術館が必要だと考えていた。彼による最初のグッゲンハイム美術館のアイデアでは、絵画作品を額にもガラスにもいれず、来場者の進路に向かってスロープから直につり下げて展示するというものだった。

グッゲンハイムのプロジェクトでは、1943年に設計が開始してから、1956年にやっと最初の基礎となる石が置かれるまで、実に13年もの月日がたっている。そのため、たびたび設計変更があり、まさに建物そのものが有機的に進化していったといえる。ライトの最初のプランでは、螺旋の方向が逆で、ベースの部分が太く、上に行けば行くほど細くなるというものだった。その後、彼はまったく照明なしで、自然光だけで展示スペースを照らすために、外壁と螺旋状部分の間のスペースのところどころにガラスをはめこむ案も考えるが、結局、困難だとわかる。その後、螺旋を反対方向に変えてみたが、どうしても自然光だけではいくつかのスペースでの明るさが十分ではなかった。結果的に、ガラス窓は入らず、壁だけが連続するソリッドなものになった。

絵画作品は一区画に数作品ずつ展示され、隣り合う他の作品とは、天井のガラスのドーム部分の仕切りにもなっている柱によってうまく隔てられている。

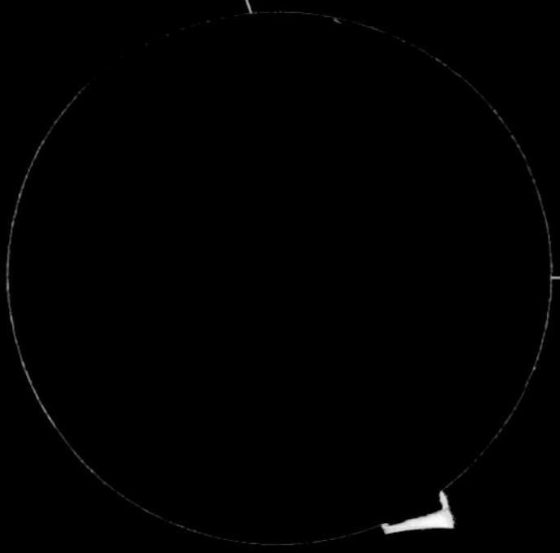

仕切り壁の内側に絵をつり下げる方法は、美術評論家たちからは、「来場者それぞれの各作品にふさわしい鑑賞方法を妨げるのではないか？」という批判もよせられた。

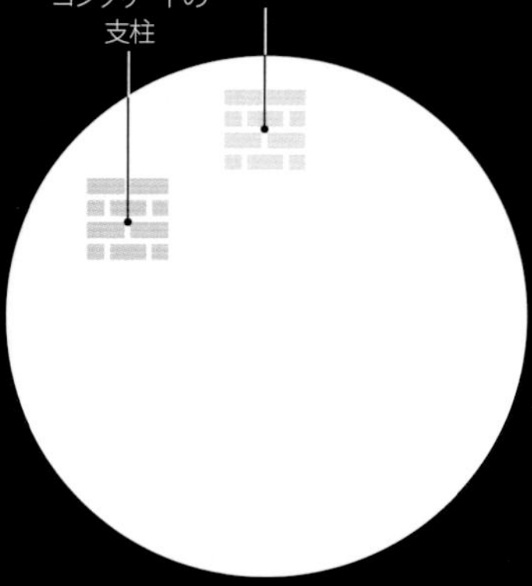

建物全体が鋳型にコンクリートを流しこんでつくられた。螺旋状の巻貝のようなフォルムは、建物が出来あがる前のマテリアルの状態を思いおこさせる。

グッゲンハイム美術館では、全体が鋳型にいれられた鉄筋コンクリートで建てられ、外壁にはPVC（ポリ塩化ビニル）が吹きつけられて補強されている。全体の構造は、12本の支柱がコンクリートの中に放射線状に配置されている。支柱は、最上部のバットレス（ドームの補強壁）付近で、自然光を仕切って分散させるかのように突然現れるまで、壁の中に隠れて見えないようになっている。その結果、螺旋状のスロープ部分は、まるで自立して浮かんでいるように、また展示スペース全体がバーチャルな一つの部屋のような錯覚を与えている。館内には、スロープの他に大きな三角形の階段室があるので、来場者が自由に上下階を行き来できる。さらに、コンクリートで囲まれた筒状のスペースのなかに小さなエレベーターも設置されている。

ライトははじめ、絵画作品に自然光を十分にあてるため、三角形のクリアストーリー（ゴシック風建築の高窓の並んだ明かり層）をつくろうと計画していたが断念し、現在その部分はコンクリートの壁になっていて、スポットライトがとりつけられている。

スロープの手すりとなる壁が非常に低く、歩行者にやや恐怖感を与えるため、来場者たちがこの手すりのあたりまで行って、遠くから作品を眺めるのは難しくなった。

ルイス・I・カーン（1901-74）

KAHN

ソーク研究所

1959-65　ラ・ホヤ地区（アメリカ）

欧米の研究所は、専門分野を超えて広く世界の人たちを内部に導こうとするかのように設計されている場合が多い。そして、アプローチはだいたい開放的で、エントランス（玄関）は、来場者が中へと入っていきたくなるような雰囲気があふれている。しかし、ソーク研究所は例外であり、エントランスはひっそりと人目につかないように木の陰に隠れていて、管理棟と鉄のゲートで外から閉じられ、メインビルディングには、海へとまっすぐに続く、石でできた中庭の、どこかストイックな一本道を通ってアクセスするようになっている。つまり、近代的な学術研究所というよりは、中世の修道院に似た雰囲気がただよっている。

もちろん、これらの特徴のすべては、意図的につくり出されたものだ。ドクター・ジョナス・ソークと彼の財団が、ルイス・カーンにこの研究所の設計を頼んだとき、「科学者たちが高度な研究に集中できる最高の施設を、外部から守られたような環境につくって

1920–24
フランス人で、ボザール様式の巨匠だったポール・クレのもとで学ぶ。

1926
米国独立150年を記念したフィラデルフィア万博で、主任建築家となる。

1928–29
ヨーロッパと北アフリカを旅行し、伝統的な建築様式について学ぶ。

ほしい」と望んでいたからだ。ソークは、1950年代からポリオ（急性灰白髄炎《かいはくずいえん》）のワクチン開発に成功し、世界中の大勢の子どもたちを守ってきた。ソーク研究所の目的は、世界のトップレベルの研究者たちを集め、リサーチ、実験、討論のための、特別な環境をつくる、というものだった。

ラ・ホヤ市から寄付された敷地は、坂道が太平洋へと続く、驚くほど眺めのよい場所だった。ルイス・カーンは、こうした研究所のような公的機関のプロジェクトに慣れている建築家の中では、特にユニークな存在で、古典的なコンセプトをもとにした、とてもラディカルなデザインでも有名である。研究室を持ち、ここで暮らす科学者たちが、海を眺めながら、室内やテラスで団らんしたり、リラックスできるような、開放的な空間をカーンは最終的につくり出した。内部は、研究室、ラボ（実験室）、施設全体の社交場となる共有スペースなどの行き来が、非常にスムーズにできるように設計されている。ここには、一つの目的のために大勢が集まる場所として、ソークが一番強くイメージしていた、イタリアのアッシジにあるフランシスコ会の修道院の建物の他、バウハウス的な雰囲気もただよっている。

この研究所がどう利用されるべきかというソークのイメージは、カーンの設計にもうまく応用された。ソークは、科学は排他的になるより、包括的であるべきだと考え、先端科学の研究においても、視野を広く持ち、他分野、特に人文科学の情報を多く取り入れれば、その科学的成果がモラルや道徳に沿って健全に利用されるだろうと考えていた。最初の設計案では、研究所の専門家たちと外部からの来場者が出会って討論できる、円形のミーティングルームの施設も計画されていたが、結局実現しなかった。

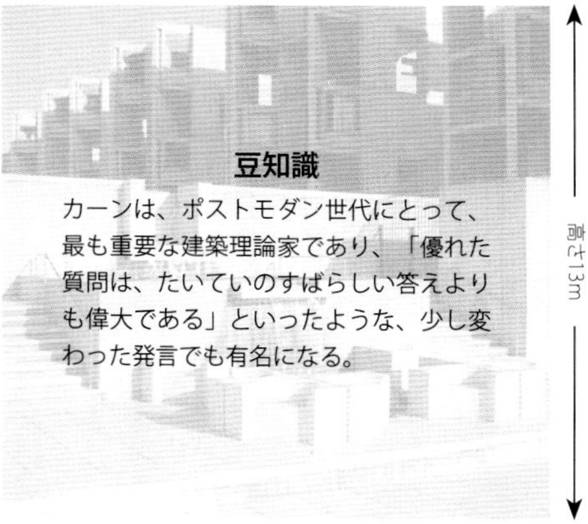

豆知識

カーンは、ポストモダン世代にとって、最も重要な建築理論家であり、「優れた質問は、たいていのすばらしい答えよりも偉大である」といったような、少し変わった発言でも有名になる。

1932–33

若手建築家がチャンスをつかめるよう、リサーチ・グループを創立する。

1947–57

イェール大学で非常勤講師、その後、教授として建築を教える。

1950–51

ローマにアメリカ政府国費研究員として滞在し、古代ローマ建築について学ぶ。

1959–65

ソーク研究所の設計にあたり、全体の空間のなかの「サーバント」と「サーブド」という関係性を強調する。

ルイス・I・カーン　58　ソーク研究所

泉から始まり泉で終わる水路は、研究施設の建物から海へと向かう知識の流れを象徴している。

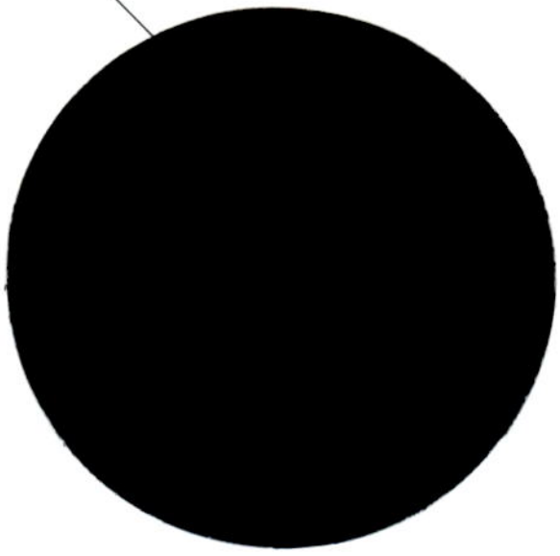

どの研究室からも眺めがいいように、各ユニットごとにポルチコでつくられた部屋が海に向かって配置されている。

ソーク研究所の建物は、基本的に長方形のかたまりが、3つのセクションに分けられたものだ。中央部の舗装された中庭の両サイドには、一つひとつのポルチコ状のユニットが、建物の縦のラインから横に張り出すようにしてつくられた研究室棟があり、どの部屋からも海が眺められるようになっている。それぞれの研究者の部屋の後ろにある研究所へは階段とブリッジで結ばれている。カーンの設計哲学においては、サーブドスペース（サポートされる空間）と、サーバント・スペース（サポートする機能空間、設備空間）は、明確に分けられる必要があった。そのため、地下に設備空間を配置し、それによって余ったスペースに実験室の階に必要なダクトを挿入した。他の設備も地下にまとめられ、個人研究のエリアの室内をすっきりさせることに成功した。

さまざまな角度でくり広げられる光と影のリズムが、コンクリートと木でできた厳格なファサードの印象をやわらげている。太陽が沈む瞬間、敷地全体がドラマチックに変化し、後ろにある水平線を鑑賞するための特別なステージのようになる。

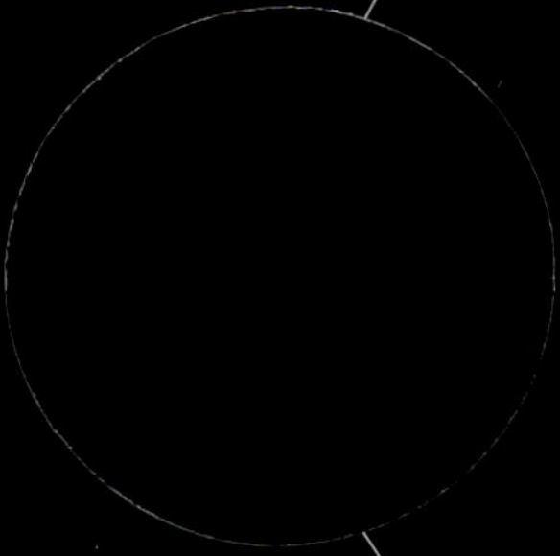

ファサードの部分には、まるで宝石のカット面のような、複雑な組み合わせやアングルがつけられている。

研究室部分は、あらかじめ成型されたコンクリートのユニットでできているが、表面の硬材（チーク材）のパネルがプラスされて、どこかやわらかな印象になり、年月とともにしぜんに風化するようになっている。

この建物は、カーンの作品のなかで最も「舞台を思わせるような大げさな」プロジェクトだろう。敷地に対して黄金分立などをつかうことで、最も調和のとれたモニュメンタル（記念碑的）な雰囲気がプラスされた。また、中庭の真ん中を小川のようなシンプルな水路が流れ、古典的な静けさにあふれている。

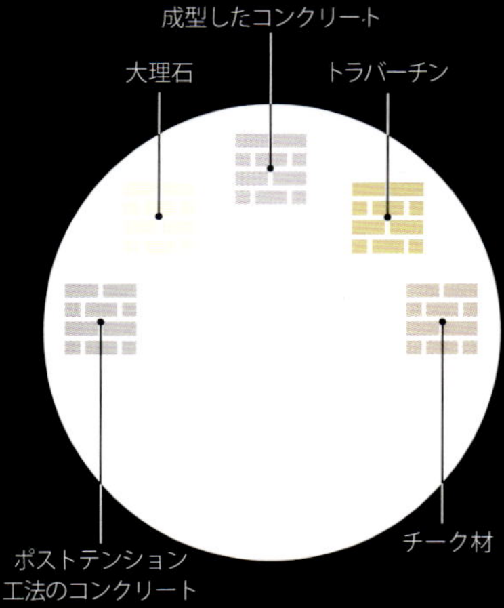

カーンははじめ、ファサードの中心は緑のある庭にしたいと考えていた。しかし、友人の建築家ルイス・バラガンから、「シンプルな空間にして、舗装された中庭が２つのブロックをつなぎ、建物全体の幾何学的なフォルムを強調したほうが、絶対によい」とアドバイスされる。中庭は大理石で舗装され、両端にある泉へと流れる水路によって２等分されている。その水路は、浅めのプールのような池を経て、カーンがたんなるレクリエーション・スペースだけでなく、精神をリフレッシュする場所として考えていた、太平洋を見渡すテラスにある別の泉へと流れこんでいく。水は生き生きとしたプロジェクトの重要な構成要素の一つであり、海は地球上の生物の起源としてだけでなく、科学的な精神が必要な「広い視野」を象徴している。

水の流れは、まるで科学的な思考回路のようにコントロールされ、海辺の泉の静けさへと導かれる。

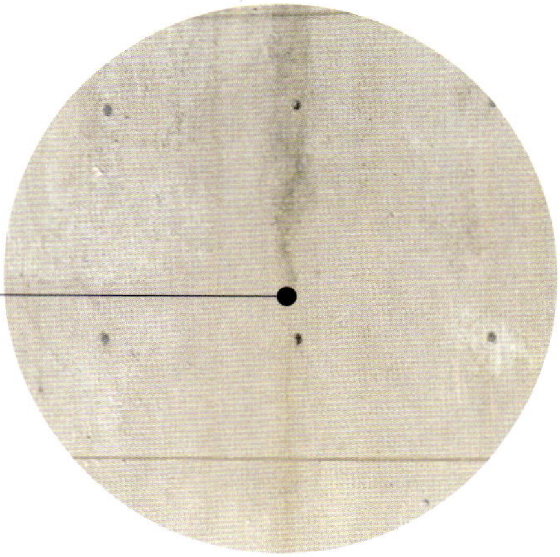

外壁の表面には、建築家がわざとコンクリートをミックスさせて染みをつけるように指示したため、コンクリートのかたまりが続いていく単調さがやわらいでいる。

ソーク研究所は地震が多発する地帯に建っているため、地元の人たちは耐震構造として一般的な鉄骨構造にすべきだと主張した。しかし、カーンに協力する構造エンジニアが、ポストテンションとよばれる工法で開発した、特別なコンクリートの列柱の開発に成功し、耐震実験で通常の鉄骨よりも強いことを証明した。その構造は、20メートル幅の水平に広がるトラス（構造枠組みの一部）が、垂直方向に支える列柱と組み合わされたものである。3つの、スチールの棒がそれぞれのトラスの基礎を補強し、地震がおこったときに建物が受ける衝撃をやわらげる、メカニックな腱の役目をになうようになっている。ファサードの表面は、コンクリートと、チーク材のパネルで仕上げられている。

NIEMEYER

オスカー・ニーマイヤー（1907-）

メトロポリタン・カテドラル

1958-72　ブラジリア（ブラジル）

1950年代から60年代初頭につくられたブラジルの新首都ブラジリアに、同国出身の建築家オスカー・ニーマイヤーによって建てられたこのカテドラル（大聖堂）は、息をのむほど美しく、おそらく彼の最高傑作の一つといえるだろう。モダニズム建築の巨匠の一人としてニーマイヤーは、独自の成熟したデザインでこの教会を設計し、完成させる。そして、彼は20世紀の近代建築史に大きな足跡を残すことになった。

このプロジェクトが印象的なのは、そのスケールやサイズといったことではない。反対に、建物の大事な部分が地下にあるので、カテドラルの外観を初めてみると、その第一印象は、「思ったより小さい」というものかもしれない。ニーマイヤーは自分の好きなマテリアルの一つ、コンクリートの特性を最大限に生かし、ドラマチックな演出に成功している。

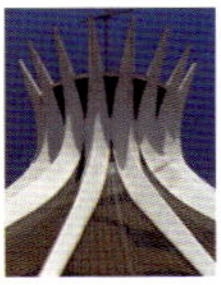

1936–43
最初のモダニズム高層建築となったリオ・デ・ジャネイロの庁舎のプロジェクトで、ル・コルビュジエに協力する。

1947–52
ル・コルビュジエ他何人かの建築家たちと、ニューヨークの国連本部を設計する。

1955
首都がブラジリアに遷都するにあたり、その新しい街づくりのための主任建築家になる。

彼の独創的なデザインは、変化にとんだ流れるようなイメージと、荘厳で記念碑的なインパクト、および、人によって好き嫌いが分かれる、きわめてユニークな彼独自の建築哲学の絶妙なミックスによって成り立っている。フォルム、ライン、構造の完璧な統合によって、ある意味、殺風景で、わかりにくく、不気味にさえ見えるものが、突然、独特の優雅さを持つようになる。

ニーマイヤーは、全体のプランのなかで、双曲面建築構造を応用する。これは、ロシアの構造家ウラジーミル・シューホフが、1880年代に、新しい屋根の設計のために考案したもので、スペインの偉大な建築家、アントニ・ガウディ（P14-19参照）も同様のシステムをサグラダ・ファミリア教会の設計に取り入れている。ニーマイヤーの教会では、16本の放物線の列柱がぐるっと建物を支え、その様子を見て、「手のひらをそらせてつくった腕が天国まで届くようだ」という人たちの他、「逆さまになった聖餐式のミサで使う杯の上にいばらの冠が置かれたようだ」と言う人たちもいる。

ニーマイヤーの潔いデザインで完成したこのカテドラルを、作家のペイジ・マガレイは、「彼の他の作品同様、そこには生き生きとしたフォルムと、どこかセクシーな曲線があり、目のあたりにすると誰でも心が動かされ、自然にリアクションをおこさずにいられない、華麗な流動体である」と形容している。独特のカーブと浮遊しているようなコンクリートを巧みに生かす、ニーマイヤーの繊細で洗練された手法は、それ以前の“お役所建築”にありがちだった、驚くほど権威主義的で型にはまった様式に逆戻りすることなく、新たなアプローチで、近代建築が大がかりな公共プロジェクトを実現できることを証明したのである。

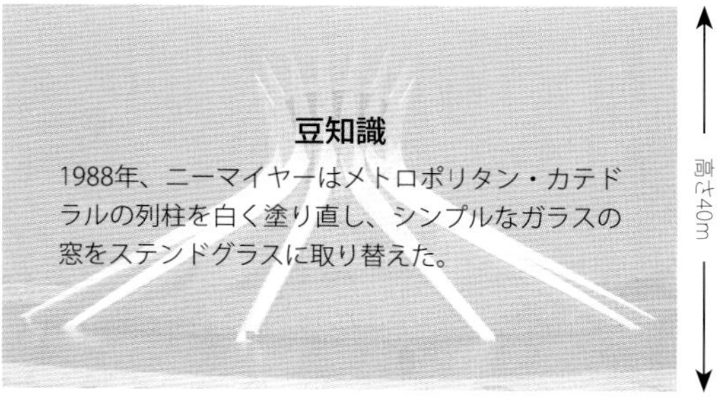

豆知識
1988年、ニーマイヤーはメトロポリタン・カテドラルの列柱を白く塗り直し、シンプルなガラスの窓をステンドグラスに取り替えた。

1958–64
メトロポリタン・カテドラルを含む、新しい首都の公共建築を多数手がける。

1964
共産主義的な政治志向を疑われ、フランスへの亡命を強いられる。

1983
ブラジルへ帰郷。リオ・デ・ジャネイロのサンバスタジアムを設計。

2006
ブラジリアに国立図書館を設計。

来場者たちは、幻想的なほど光り輝くステンドグラスの、圧倒的な色彩の中に入っていくという、ドラマチックな体験ができるだろう。

それぞれの列柱の端の部分は、天井部分の構造の一部であるリングに到達する直前で、優雅にまとまり、また少し枝分かれしている。

列柱とファイバーグラスのパネルが、室内の他の部分との間にコントラストをつくり出し、礼拝堂らしい荘厳な雰囲気をかもしだすことに成功している。

カテドラルは、ブラジリアのモニュメンタル・アクシスとよばれる重要な公的機関の建物が並ぶ通りに建っている。並びには独立した鐘楼があり、メインビルディングの高さは40メートルで、内部には4,000人が収容できる。優雅な曲線をえがくコンクリートの列柱は、礼拝堂の上部35メートルの高さにあるコンクリートのサークル部分で一つにまとまるように設計されている。来場者は、地下にある通路を通り抜けて、突然光り輝く礼拝堂にアクセスする。頭上には、アルフレード・チェスキアティ作の威風堂々とした3つの天使像がつり下げられ、列柱の間の三角形の高さ30メートルのスペースにはめこまれたステンドグラスとともに、空間に強いインパクトを与えている。

礼拝堂の上部高く浮かんでいる一番大きな天使像は、長さ4.25メートルで、重さは300キログラムもある。中ぐらいのものは長さが3.4メートル重さ200キログラム、一番小さいもので長さ2.2メートル重さが100キログラムだといわれている。

1950年代に入り、ニーマイヤーはやっとル・コルビュジエの強い影響から解放され、独自のデザインを確立する。しかし、自分のプロジェクトが完成してからも、その仕上がりに、しばしば納得しなかった。ちなみに、このカテドラルのコンクリートの列柱にはもともとは色が塗られていなかったが、1980年代に入ってから建築家自ら、白くペイントし、無地のガラスが入っていた部分も、マリアンヌ・ペレッティによる巨大なステンドグラスに取りかえるように命じている。ある批評家たちからは、これは逆効果で、この改築によって元々の礼拝堂が持っていた上部へぐいっと引き上げられるような、シンプルで力強い感覚が弱まってしまった、という意見が出た。

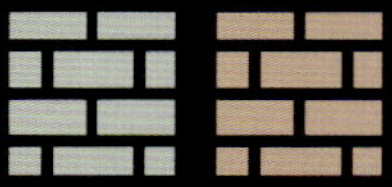

メインビルディングでニーマイヤーが使用したマテリアルは、ファイバーグラスと鉄筋コンクリートだった。

天使像を近くから眺めれば、どのようにつり下げられているかがはっきりわかる。細くてとても頑丈なスチール・ワイヤーでつり下げられた天使たちが、下で執り行われるミサを上空から見下ろしている。

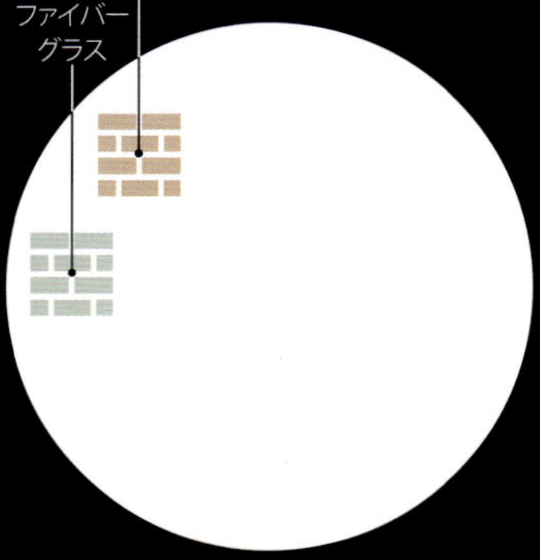

この大聖堂のプロジェクトによってニーマイヤーは、ル・コルビュジエやフランク・ロイド・ライトといった建築家たちが築いてきたモダニズム建築の考えを、“熱帯性気候”に応用することに成功した。大聖堂は驚くほど彫刻的なので、見る者にニーマイヤーが機能的であるより、芸術的なものをつくろうとしたという印象を与える。その他に注目すべき点は、鉄筋コンクリートやガラスなど、主なマテリアルの使い方の鋭さである。礼拝堂のモザイクの装飾から機能的な部分、つまり非常に小さな細部から大きなスペースのすみずみまで、きちんと計画し、コントロールされている。全体を円形にしたことや、参列者が地下通路を通って礼拝堂に入るようにしたことだけを見ても、彼は既存の常識を打ち破ることをまったく恐れていなかったことがわかる。

礼拝堂のステンドグラスは、巨大なファイバーグラスでつくられた何枚かのパネルでできている。赤、白、ブルーで彩られたステンドグラスは、イタリア人アーティスト、マリアンヌ・ペレッティがこの教会のためにデザインしたもの。

巨大な列柱の重さはそれぞれ90トンもあるが、ニーマイヤーは「ブラジリアでデザインした他の建物の場合と同じように、ほとんど地上に触れず浮き上がっているような列柱をつくろうとした」と述べている。

ヨーン・ウツソン（1918-2008）

シドニー・オペラハウス

1957-73　シドニー（オーストラリア）

デンマーク人建築家ヨーン・ウツソンが、1957年の国際設計コンペで当選したシドニー・オペラハウスのプロジェクトは、それまでの建築的な常識を大きく打ち破るものだった。ウツソンが提案したデザインは、ダイナミックで魅力的だったが、同時に多くの問題や矛盾もかかえていた。ウツソンは、オペラハウスが完成するかなり前の1966年、クライアントのニュー・サウス・ウェールズ州政府が彼の事務所への支払いを停止したことを理由に、このプロジェクトから降りてしまう。その後、オーストラリア人の建築家、ピーター・ホールがウツソンのあとを引きついで完成させた。

オペラハウスの様式は、近代的な「表現主義」の成功例といえる。彫刻的で、自立して建っているような丸い屋根、ヨットの帆のようなシェル状の部分には、白いセラミックタイルが貼りつけられている。ウツソンの考えたデザインはすばらしいものだったが、彼に

1957

国際コンペで当選し、シドニー・オペラハウスの設計を任される。

1958-62

ウツソンがデザインした、上部のポディウム（台座のような部分）が完成する。

1963–67

シェル構造の屋根の部分が完成。4000枚のルーフパネルと、2400の成型コンクリートのパーツが現場で組み立てられた。

とって残念だったのは、その発想が時代より進みすぎていたため、施工技術が未熟でおいつかなかったこと。特に上部に立ち上がるシェル構造は建設上の悩みの種となった。最初、その部分を成型コンクリートでできたリブ（じゃばらの一部）で支えた、先端が細くなる放物線でつくろうとしていた。しかし、構造設計の大手企業アラップ社の専任エンジニア、ロナルド・ジェンキンスは、すぐに、それでは折れ曲がる動きが加わり、ドローイングのように立ち上がるのは無理だ、と判断する。やっと曲線状のシェルにリブを埋め込むことに成功し、問題が解決したのは1961年になってからのことだった。その後、州政府がウツソン事務所への支払いを停止したことでプロジェクトから降り、関係者は大きなショックを受ける。彼が去った後、オジリナル・デザインからいくつかの変更があったが、特に変わったのがインテリアで、ウツソンが考えたオペラ劇場とコンサートホールのための音響計画、座席のデザインはすべて無視された。

それから約10年後、そもそもの建設費が700万ドルの予定が、なんと1億2000万ドルまで跳ね上がるという、驚くほどの予算オーバーをしながら、オペラハウスは1973年に完成する。長い年月にわたってウツソンは、自分のオリジナルデザインに対するオーストラリアのクライアントの変更に抗議し、自然を愛する哲学が、教養のない人たちによって踏みにじられたように感じていた。しかし、最終的にオペラハウス関係者たちと建築家は和解し、2004年には最初のデザインを尊重した「ウツソン・ルーム」がオープン。2007年、ウツソンは今後の主な改築のための図面を関係者に提出している。

そんな和解劇のずっと以前から、彼の想像力の豊かさを示すこのプロジェクトは、世界的な名声を博し、20世紀の最も優れた建築の一つとして評判になっていた。また、グローバル・デザインのシンボルとしてだけでなく、ひと世代前に、近くに完成したハーバーブリッジと同じぐらい、地元シドニーの人たちに愛される街の風景の一部となった。

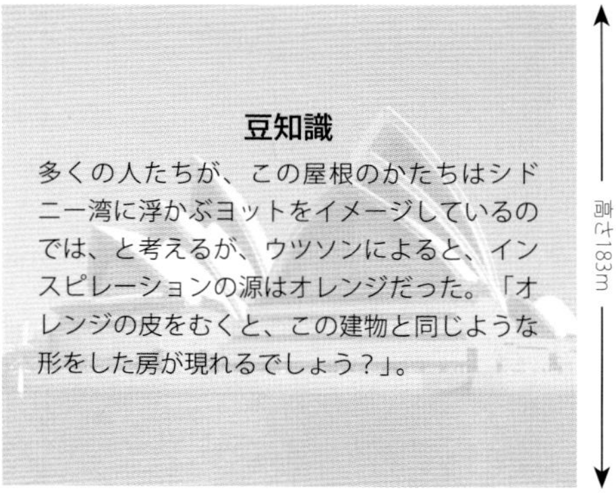

豆知識

多くの人たちが、この屋根のかたちはシドニー湾に浮かぶヨットをイメージしているのでは、と考えるが、ウツソンによると、インスピレーションの源はオレンジだった。「オレンジの皮をむくと、この建物と同じような形をした房が現れるでしょう？」。

1966–73

ウツソン、オペラハウスの仕事を辞退し、他３人の建築家が引きついだ。

1973

エリザベス女王２世によって、オペラハウスが正式に開館する。

1999

ウツソン、シドニー・オペラハウス財団より、デザイン・コンサルタントに任命される。

2004

改築にあわせ、ウツソンの功績をたたえ、オリジナルデザインが再現された「ウツソン・ルーム」が完成。

オペラハウスのデザインで視覚的に優れているのは、やはりシェル構造の部分で、完成した当時、オーストラリアのメディアは「白いタイルが貼られた貝殻のようなコンクリート・ドーム」と報道した。屋根の下にはいくつかの劇場やホールがあり、全体がすばらしいパフォーミング・アートセンターになっている。ウツソンが望んでいたのは、シェルと内部にあるホールを、自身の言葉を借りると「クルミを割ったときの殻と実のようなハーモニー」のイメージで、調和させることだった。ウツソンはグレート・バリアリーフを泳いでいるとき、オペラハウスのデザインに色の反射をとり入れようと思いつく。入江のまわりに並んでいる屋根の赤い色が白いタイルに反射する様子は、きびしいオーストラリアの気候と自然を象徴している。

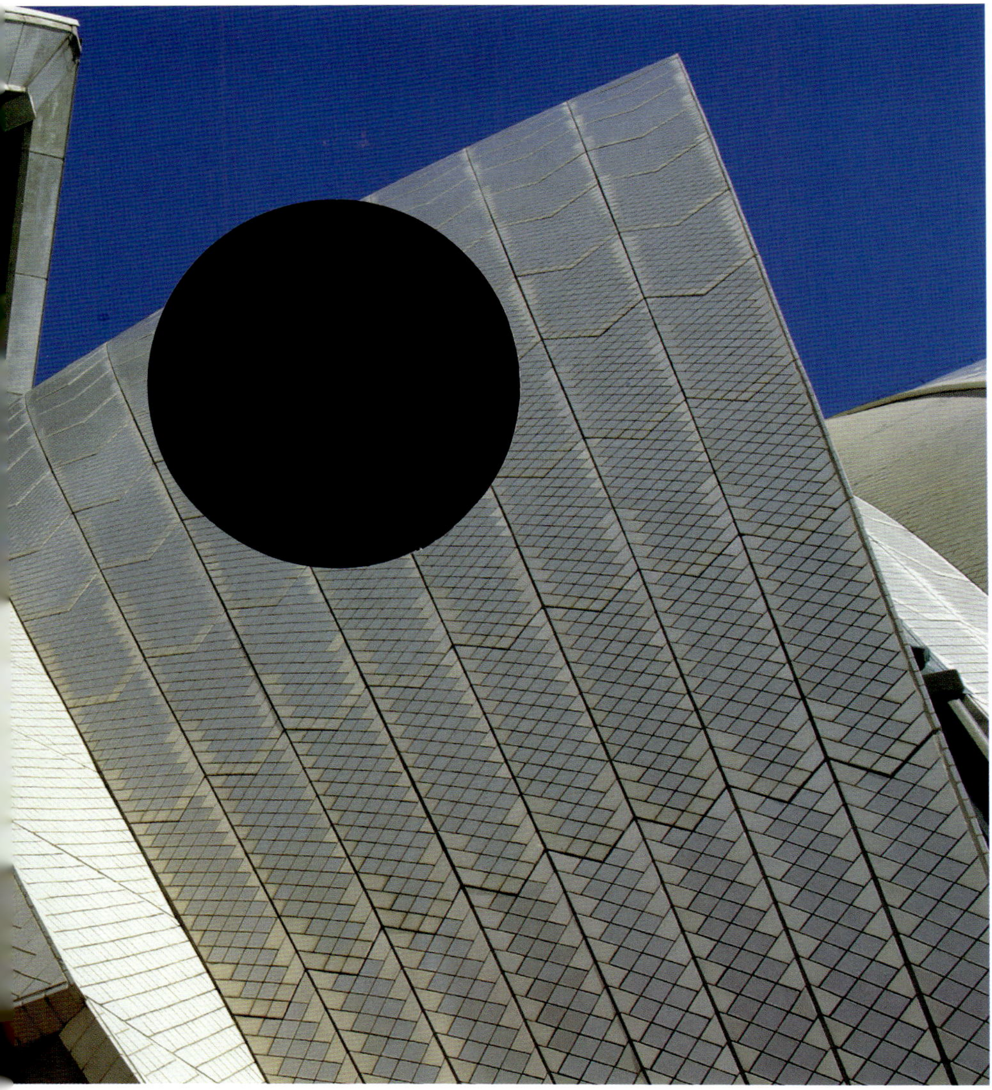

白い屋根のタイルは、シート状になっていて、あらかじめ地上で貼りつけることができたため、実際の作業がずっと楽になった。全体で4000枚のルーフパネルが必要とされた。

世界でもいち早くコンピューターが設計に導入され、シェルの方向や、タイルの柄のデザインなどに利用された。

通常の建築家と違って、ウツソンはあまり抽象的な建築理論に興味がなく、どちらかというと、実験をしたり経験にもとづいて自分の考えを形にしていく方法を好んだ。彼は、あらゆる可能性を求めて限界に挑戦する、天性のビルダー（理論より実際に建築を建てるプロ）だった。

建物のディテールを見ると、すべてのパーツがピッタリと完璧に組み合わさっているのがわかる。

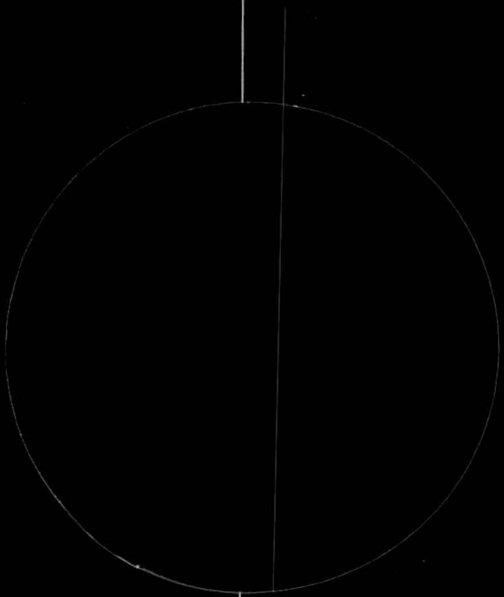

じゃばらのようになったシェル構造の部分は、ウツソンと英国の構造設計の大手アラップが協力し、すべてのパーツがあらかじめプレハブ方式でつくられた。各パーツは、少しずつ、できあがったリブ（あばら状の部分）と、構造を支えるスチールでできた伸縮自在のアーチの間に配置された。

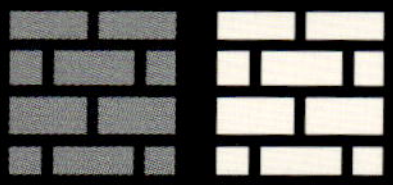

シドニー・オペラハウスのシェル構造の屋根の部分は、2400ものコンクリートのパーツと、4000ものルーフパネルが工場で用意され、現場で組み立てられた。

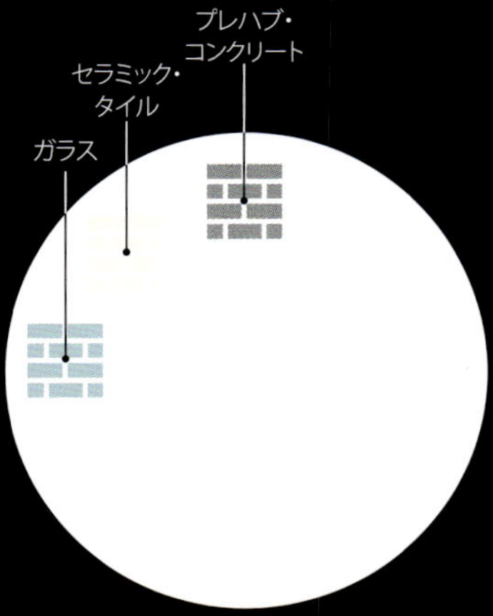

ウツソンと構造設計の大手、オヴ・アラップ社のジャック・ズンズは、特に台座とシェル構造について深く協力しあうが、問題解決には長い時間がかかり、アラップ社を悩ませた。ウツソンにとって、シェルの構造が最も大切であり、計算しつくされたシェルのかたちさえうまく決められれば、どんなに大きな物体になっても構造的に優れているはずだと考えた。彼は「ただ四角いフォルムをつくるのでなく、自分は彫刻をつくり上げようとした。それは必要な機能をかね備えた彫刻である。ゴシック建築を見れば、私が目指しているものが何かが理解できるだろう。ゴシック建築を眺めはじめると、見飽きることがない。そこには太陽、光、雲がともにあり、まさに生物のようである」。

まるで建物の中にまた別の建物が、どんどん入れ子のようになって続いていくように見えるユニークなアングルと曲線。どの方向から見てもエキサイティングだ。

よくヨットの帆のようだと形容される、シドニー・オペラハウスのデザインは、ウツソンの自然からの深いインスピレーションのおかげで成功している。「私のスタジオは、砂浜、森、海、そして入江である」。

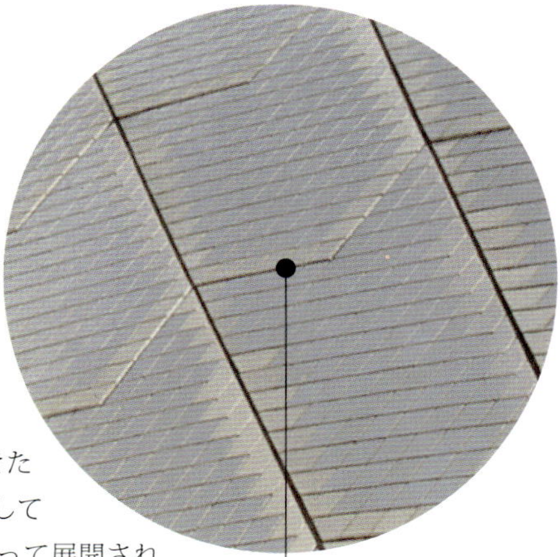

屋根にはられたスウェーデン製のタイルは、遠くから見るとたんなる白にしか見えないかもしれないが、実は白とつや消しされたクリーム色が適度にミックスされている。使用されたタイルの量は100万枚以上にもおよぶといわれ、メンテナンスが楽なセルフ・クリーニングタイプが選ばれた。

ウツソンの、特別な建築資材に頼らず、ごくありきたりな大量生産マテリアルを使ってつくる「生物としての建築」という思想が、プロジェクト全体にわたって展開されている。電気関係のコンサルタントだったフランク・マシューは、「彼は図面ではなく、つねに頭のなかにたくさんのデザインを抱えていた」と回想する。ウツソンは、スケッチや図面に頼るのでなく、三次元の模型をもとに、現場で施工業者やさまざまな分野の専門家たちと、プロジェクトを進めていくのが好きだった。また、まったく妥協しない頑固な性格で知られ、1961年のある日、アラップ社のジャック・ズンズと話していると、突然「どれだけお金がかかるか、どれだけ時間がかかるか、どれだけ問題を引きおこすかなんて知ったことではない!」と叫んだといわれている。

リチャード・ロジャース（1933-）／レンゾ・ピアノ（1937-）

ポンピドー・センター

1972-76　パリ（フランス）

すべての近代建築のなかから「ハイテク」とよばれるジャンルの精神を、最も表している建物を一つだけ選べといわれたら、それはまぎれもなくパリにあるポンピドー・センターになるだろう。完成した当時は、90年ほど前にエッフェル塔ができたとき、また、ルーヴル美術館にガラスのピラミッドが現れたときと同じように、賛否両論の激しい論争をまきおこした。発明家のセンスを持つ英国人建築家リチャード・ロジャースと、彼のイタリア人パートナー、レンゾ・ピアノは、ポンピドーの建設過程から、建築業界を含む世間をあっと驚かせ、世界中のクリエイターの注目を集めて、またたく間に世界のトップレベルの建築家として有名になる。

彼らのサクセスストーリーは1971年に始まる。その年、センターの建設にあたり、担当する建築家を決める設計コンペが開催されたとき、ロジャースとピアノの２人は、さほど

1970
ポンピドー・センターの設計者を決定するコンペの開催が発表される。

1971
ピアノ＆ロジャース事務所が、コンペに参加し当選する。

1972
ポンピドー・センター建設の工事が始まる。

国際的に知られた存在ではなかった。しかし、世界中からの681組もの応募の中から、みごと彼らが当選する。当の本人たちでさえ、審査員はもっと伝統的なアプローチを好むだろうと予想していたので、たいそう驚いたそうだ。フランス政府や審査員たちは、このプランがパリの歴史的な地域を刺激的に再生させるために、重要な役割をになうだろうと期待した。その２年後、ノートルダム寺院やルーヴル美術館から１キロ、中世の市場があったエリアの中心地という絶好の敷地で、工事がスタートする。1976年、センターは約束の期限以内に、また決められた予算よりずっと安い費用で完成した。

ポンピドー・センターのどこが画期的かというと、通常建物の内部にしまわれるダクトやインフラの設備を表に出している点など、何もかもふつうと逆さまになっていることだろう。小さなものから大きなものまで、配管パイプ、設備ダクトから、エレベーターや大きなエスカレーターまでが外部にむき出しになり、ダクトは、例えば、黄色が電気、青が空調、緑が水、というように機能ごとに色分けされているので、外から一目でわかるようになっている。また、内部では、多目的に変化させられるスペースが６階に分かれてつくられ、自立した構造の鉄骨で支えられている。下のほうの階には、広大なパブリック・スペースがあり、劇場、ショップ、受付、カフェなどが並んでいる。上階部分には、常設コレクションの展示室とテラス、およびスタッフのオフィスになっている。最上階にはレストラン、映画館、および、特別展のための展示室がある。設計で最も重要だったのは、利用者がこの建物をできる限りフレキシブルに使えるようにすることだった。そして、展覧会によって、室内の仕切り方が変えられるだけでなく、必要に応じて屋外のパーツの何かをとりのぞいたり、つけ足したりできる。ロジャースとピアノは、「このメタルフレームの建物は、つねに変化し続け、大人も子どももよじのぼったり、かたちを変えたりして楽しめる、金属製玩具『メカノ』のようなもの」と形容した。

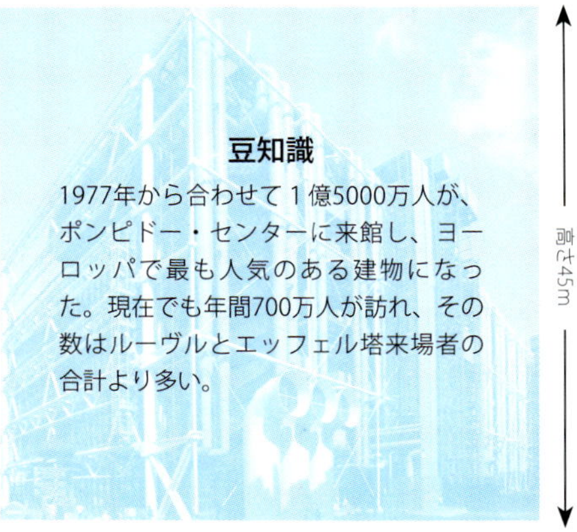

豆知識

1977年から合わせて１億5000万人が、ポンピドー・センターに来館し、ヨーロッパで最も人気のある建物になった。現在でも年間700万人が訪れ、その数はルーヴルとエッフェル塔来場者の合計より多い。

1974

パイプと鉄骨構造の建設が始まり、完成するまでにわずか６カ月しかかからなかった。

1977

ジスカール・デスタン大統領によって、ポンピドー・センターが開館する。ロジャースとピアノ、提携関係を解消。

1997

レンゾ・ピアノの監督のもと、大規模な改修工事がスタートする。

2010

日本人建築家、坂茂が設計したポンピドー・センター別館がオープン。

リチャード・ロジャース／レンゾ・ピアノ　76　ポンピドー・センター

センターの工事は２段階で進められた。まず最初にインフラ（設備）部分ができあがった後、７階建ての大きなガラスと鉄骨の構造が中にはめ込まれた。

外部にむき出しになったダクトは、その機能が色によってわかるようになっている。

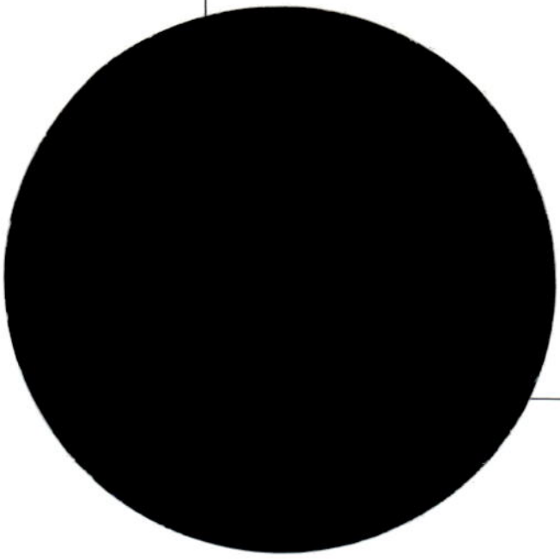

ファサードでは、十字形の筋交いが垂直面の構造を支え、斜めの筋交いが壁の両サイドに配置され大梁を補強している。

コンペの応募要項には「この設計コンペの応募者には、我々の世紀に偉大な足跡を残すような、斬新な複合施設を提案してほしい」という文字がならんでいた。ロジャースとピアノによる、斜めの筋交いで支えられたスチールの構造体を、あえて外部にむき出しにして見せてしまうという画期的な発想は、クライアントの要望に100パーセントこたえるものだった。もちろん、今まで誰も見たことのなかったタイプの建築なので、批判がなかったわけではない。完成当時は、「まるではらわたを見せつけているようで野蛮だ！」という声もあった。しかし、この設計には、逆にロジャースとピアノが、いかにそれまでの長いデザインや構造の歴史に深く向き合いつつ、どれだけ人々より先に進んでいたかがよく表れている。また、２人の設計理念は、1960年代の前衛的な設計集団「アーキグラム」と「未来派」からの影響も見られる、といわれている。

ロジャースの建築哲学は、平等な社会の実現、特に建築によってつくられた環境と社会の一体化であった。ポンピドー・センターのデザインにも、このアプローチがよく表れていると同時に、環境の持続性についても深く考察されている。

「利用者のニーズを反映した人々が集う文化の中心、つまり、街場（ストリート）の大学をつくりたい」という点で、ロジャースとピアノの意見は一致していた。ポンピドー・センターは、従来のミュージアムやギャラリーとはまったく異なる性質の建物にならなくてはならなかった。その結果、彼らは前代未聞の柔軟な構造の建物を完成させ、大きなクリップやパイプが外にぶら下がり、室内空間を可能な限り一つの大きなスペースにしたり、また必要に応じて細かく仕切るためのパネルが操作できるようになっている。ロジャースとピアノは「同センターは、真の目的を追求できる建物である」と述べている。

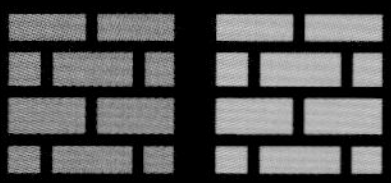

ポンピドー・センターは、コンクリート、ガラス、スチールでできている。その斬新なデザインにたいして、多くの人たちがロジャースとピアノを絶賛したが、その「裏返し／逆さま」な構造を批判する者もいた。

多くの人たちがこの建物のパイプや金具、構造がむき出しになった様子を見て、SF映画から飛びだして来たようだと感じた。

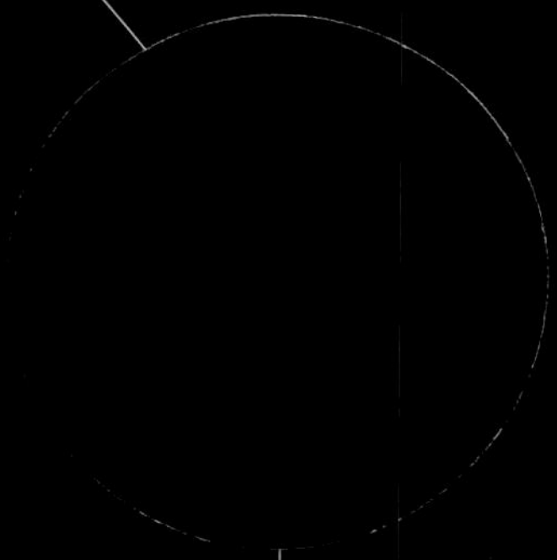

外観のディテールを眺めると、まるで金属製玩具の「メカノ」が大きくなったようで非実用的に見えるが、実際はとても機能的に設計されている。

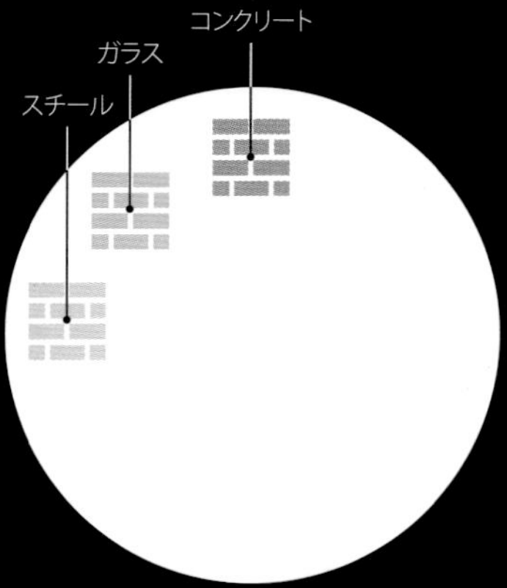

ピアノは、ポンピドー・センターのコンセプトを「ジュールズ・バーンの小説を思わせる、楽しい都会のマシーン、あるいは水のない乾いた造船所に停泊したユニークな船のようだ」と形容した。また、2人の途方もないアイデアが、きちんと実際の建物として完成できたのは、構造家ピーター・ライスの協力が大きかった。彼は外観の構造デザインのために、驚くほどの大量のスチールを使ったグリッドを考えだし、どこに壁や床をいれるべきか、どこをはずしたりはめたりできるのかを長時間にわたって研究した。構造が奇抜すぎるうえ、使う量があまりに多すぎて、フランスのスチール業界が怖じけづいたため、ドイツの工場でつくられた大量の部材を、夜通しトラックで現場に届けることになった。最終的に、使われたプレハブのスチールは、16,258トンにのぼった。

ブラケットとよばれる、先を細く鋳造したスチールでできた6つのパーツが、構造部分の中心に配置された。床面は鉄筋コンクリートでできている。

むき出しになったスチールの骨組みや、斜めに入った筋交いの様子は、構造的な傑作というだけでなく、見た目の美しさという点でも、たいへん印象的である。

革命的なハイテク手法で建設されたポンピドー・センターは、その後何年にもわたって世界中でまねされるようになる。スチールの骨組みからつり下げられる床面、外部にとりつけられた巨大なエスカレーター、カラフルに色分けされた設備用のダクトなどが、パリのランドマークにもなった、この建物の大きな特色である。

槇文彦（1928-）

藤沢市秋葉台文化体育館

1984-86　藤沢（日本）

1980年代の日本では、歴史的な不動産バブルにより再開発の嵐がおこり、何人かの建築家たちが、都市景観が変化するほどの、大胆な目立った仕事をしたが、そのなかでも一番良心的で興味深い活躍をしたのが槇文彦《まきふみひこ》であった。

神奈川県に完成した藤沢市秋葉台文化体育館は、槇にとっても大きな転換点となるものだった。よろい兜のように、または空から舞い降りたUFOのようにも見えるこの体育館は、同じ敷地に２つのアリーナ、展示会場、音楽ホールなど、いくつかの建物が組み合わさった複合施設で、その後に彼が手がける重要な公的プロジェクト・シリーズの第一作となったものである。ここでは、施設全体、特にアリーナ部分に大胆に展開された屋根が特徴的で、シェルターのように先端が下がって建物に覆いかぶさるようになっている。

藤沢のプロジェクトでは、まったくスタイルの異なる大きな２つの建物が際立ち、両

1967

日本的な家屋が並ぶ東京の都心に、集合住宅やショップのある複合施設「ヒルサイド・テラス」の設計をはじめる。

1985

「スパイラル」とよばれる革新的な商業施設を完成させる。

1986

それまでの作品とは一線を画する「藤沢市秋葉台文化体育館」を完成させる。

方の同じステンレスでカバーされた大胆な屋根に目がいくが、そこは、異なるアングルと方向でつくられているのがわかる。つまり、まわりの家々の屋根が同じ方向ではなく、先端があちこち色々な方向を向いているという、周辺の都市景観に調和させるためにわざとそのようにデザインされているのである。

新人建築家だった頃の槇は、「メタボリズム」という、日本の前衛的な建築家グループの主要メンバーとして活躍していた。このグループは、世の中の建築はもっと柔軟であるべきだという当時の声に合わせ、厳格すぎるモダニズムを変化させ、幅広い空間の使い方やマテリアルを提案し、周囲の景観にも調和するものをつくろうという活動をしていた。藤沢のプロジェクトに見られる、一見突飛にみえる建物の組み合わせや、断片的なフォルムにも、このような思想が反映されているようだ。

槇文彦は東京出身だが、ワシントン大学をはじめ多くのアメリカの大学で教えているので、日本の伝統と欧米文化をバランスよく理解していた。また、自分の作品が建設される敷地や背景の文化に敬意を表しつつ、従来のモダニズムをより柔軟に応用することに心血を注いできた。

キラキラと輝くステンレスの屋根が際立つ、藤沢の体育館のプロジェクトは、槇の数多くの作品のなかでも最高傑作の一つだろう。特にメインアリーナで、建物の両サイドの下の部分を補助的な構造で支えながら、540メートルという驚異的に長いスパン（わたり。梁《はり》の長さ）の広々とした空間を実現できたのは、注目に値する。これは、当時のプレハブ建築のテクノロジーの限界に挑戦し、新たな記録を更新しようとする野心に満ちたものである。

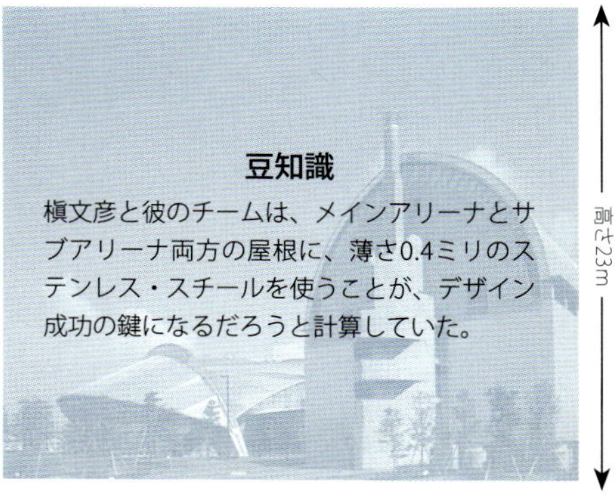

豆知識

槇文彦と彼のチームは、メインアリーナとサブアリーナ両方の屋根に、薄さ0.4ミリのステンレス・スチールを使うことが、デザイン成功の鍵になるだろうと計算していた。

1989

東京近郊に完成した「幕張メッセ」は、ステンレスでできた山なみのような屋根が特徴的である。

1990

藤沢のコンセプトを応用し、「東京体育館」を設計する。

1993

功績が世界的に認められ、建築のノーベル賞とよばれる「プリツカー賞」を受賞。

1994

「霧島国際音楽ホール」のプロジェクトには、その後の公的機関の設計との共通性が見られる。

スチールでできた屋根は、一日の時間の移り変わりによって差しこむ自然光が変化し、違う表情が得られるように設計されている。

槇による藤沢体育館の作品で特徴的なのは、メインの２つの建物が直接つながっていないだけでなく、建物のかたちも一見、まるで共通点がないように見えることである。また、外部にある水泳プールの階段も建物に接続していないだけでなく、メインアリーナの大きな屋根はまるで下にある建物から離れて浮き上がっているように見える。それでも全体をまとめているのは、最先端のテクノロジーを駆使し、ある角度からみると、地上から直接立ち上がっているような、キラキラ光るメインアリーナのステンレスの屋根である。槇は、藤沢の体育館が完成した数年後、ステンレススチールを使って、似たような工法の東京体育館を設計している。ステンレスが選択された理由は、さびにくいということと、光をきれいに反射するからだろう。

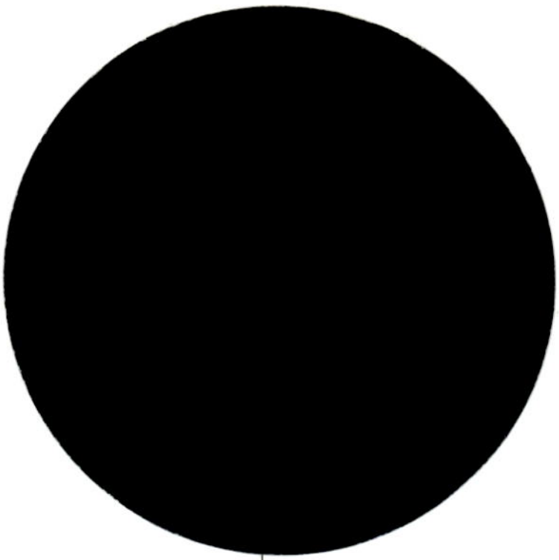

メインアリーナのカーブした屋根の先端には、大きな目と口のついた顔のようなデザインがほどこされている。

槇は新しい素材を使って、欧米のモダニズム理論やテクノロジーと、日本的なディテールやスケール、自然環境や都市景観に対する感覚をうまく組み合わせている。その後の作品には、だんだんと建物の構成要素をバラバラにしては、斬新な方法で再構築するという「デコンストラクション」とよばれる様式の影響が見られる。

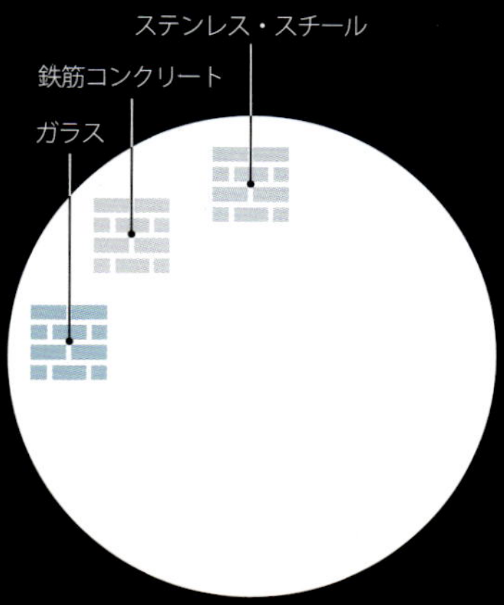

メインアリーナの観客席には約10,000人収容でき、プールのまわりには他に900人程度収容できるスペースがつくられている。

ユニークなスチールでできた屋根をつくるにあたって、いくつかの専門家グループが協力し、万全の体制で建設にあたった。

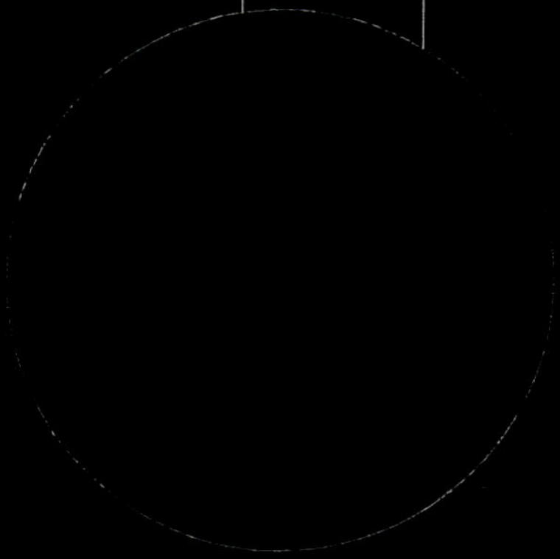

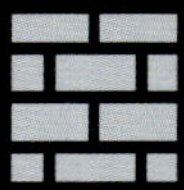

藤沢市秋葉台体育館の屋根は、キラキラと輝くステンレス・スチールが、同じ素材の格子状のもので支えられてできている。さびないという性質によってステンレスが選ばれた。

0.5ミリ以下という薄いステンレス・シートを使用するメリットは、シートに1枚ずつしわをよせたり、木目のようにするなど、さまざまな方法に応用できる、ということだった。槇は、1枚1枚のシートをていねいに扱い、全体に重ね合ったときにできる波のような模様が際立つようになど、ディテールまで細心の注意を払っている。彼は、このプロジェクトがいわゆるメカニックで機能優先のモダニズム建築とは違うものにならなくてはいけない、と考えていた。彼の作品は、たとえ同じメタルを使っていても、リチャード・ロジャースや、ノーマン・フォスターなどの、荒々しいハイテクとはまったく異なっている。槇は「今の時点で私は、工業化社会の詩的でロマンチックな雰囲気に傾倒している」また、「建築で大事なのは、リズムとスケールである」などと記している。

槇の工業化社会を美化するイメージは、日本建築におけるはかなさを重んじる伝統、さらに、第２次世界大戦での空襲被害、その後、1980年代のバブルの時代を経て、日本の都市部が驚くべきスピードで変化していったこと、などと大きく関係しているようだ。彼は建築家として、そんな背景のなかで、周囲の景観や日本の伝統にふさわしい近代建築をつくろうと挑戦してきた。そう考えれば、なぜ彼が必要以上に多くの技術協力者たちをプロジェクトに巻きこんだり、またステンレス・シートの施工に手間ひまをかけ、中世を思わせる工法をわざと使ったのかが理解できるかもしれない。また、周囲の景観に調和するように、それぞれの建物の位置や、屋根のアングルがわざと異なる方向をむいて建てられている。

屋根の外側のパターンや、建物の間のスペース、また内部のいたるところには、すべてが変化し続けることを意味する「無常観」がただよっている。

ステンレス・スチールが外側に貼られた屋根は、曲線を描いてエントランス部分へとつながっている。そのデザインには、室内に入ったとき、実際より内部空間の奥行きが長く見える効果がある。

リチャード・ロジャース（1933-）

ロイズ・ビルディング

1978-86　ロンドン（英国）

1986年のロンドンでは、「ビッグバン」とよばれる金融自由化の動きがおこり、株式売買にコンピューターが導入され無人化される。このような激動する時代背景のなかで、リチャード・ロジャース設計のロイズ・ビルディングが完成し、新しい「ハイテク」建築の世界的なシンボルとなる。ロジャースは保険会社の大手ロイズから、増え続けるアンダーライター（証券引き受け業者）のためにもっと広いスペースをつくり、その後半世紀にわたる予想外の急成長に対応できるよう、フレキシブルな建物をつくってほしいと頼まれる。

1978年、ロイズ社はそれまで50年の歴史で、すでに３番目のオフィスが手一杯になり、拡張せざるを得なくなっていた。また大掛かりな建設や引っ越しの手間をはぶくため、彼らは世界の有名建築家たちを競わせ、新社屋をどこまで柔軟に設計できるか、アイデアを求めていた。その結果、ロジャースによる、ロイズ社のあくまでも伝統的な世界を

1971

ロジャース、イタリアの建築家レンゾ・ピアノと提携し、ポンピドー・センターのプロジェクトをスタートさせる。

1976

外部の強い色合いのパイプやダクトがトレードマークのポンピドー・センターが開館する。

1977

ピアノとの提携を解消し、新たにロジャース・パートナーシップという事務所を設立。

適度にモダンに変化させ、フレキシブルであると同時にパーマネントな空間をかね備えた提案が選ばれる。

ロジャースは「建物の骨組みが半永久的に長持ちしたとしても、エネルギー問題が深刻な時代に、機能や設備の部分が短命になるのはしかたがない」と、述べている。

ロイズ・ビルで圧倒的なのが、12階分の高さのあるガラスのアトリウム部分で、エネルギー効率を高めるためシンプルなガラスが使用され、ビルの中央にさんさんと光をふりそそいでいる。また、このビル全体にはいろいろな意味で、妥協を許さない信念がつらぬかれている。ポストモダンのように、まわりの伝統的な建物の雰囲気を寄せ集めるのではなく、これみよがしなほど徹底的にモダンで、彼の以前の作品、ポンピドー・センター（P74-79参照）と同じように、設備や機能のパートが外部に配置されている。

内部では、アンダーライターのスペースが、4階にわたり肩書きの上下に関係なく平等につくられ、ブローカー（仲買人）とアンダーライターが机で向かい合って仕事をする伝統的なレイアウトになっている。建築家の最初の案は、防火基準に対応するため、水をつめたチューブ状の鉄骨構造にしようというものだったが、構造テストで問題がないことを証明するのに時間がかかりすぎ、結局、ロジャースは、輝くスチールの外装材をはりつけたコンクリート造に変更する。開放的な内部には、6本の塔と、英国では初のガラスでできたエレベーターが設置された。

批評家たちは、この新しいビルを「機械じかけの（メカニカルな）大聖堂」と表現したが、たしかにそれに恥じない品格を備えている。ロイズ・ビルは、とことん技術の先端を象徴したスタイルで、ポンピドー・センターと同じように設備は外部に配置されている。しかし、ポンピドーではパイプがカラフルに塗られていたのに対して、ロイズ・ビルにはどこか英国的な「控えめさ」があり、すべてがつや消し、または光沢のあるグレー一色でまとめられている。

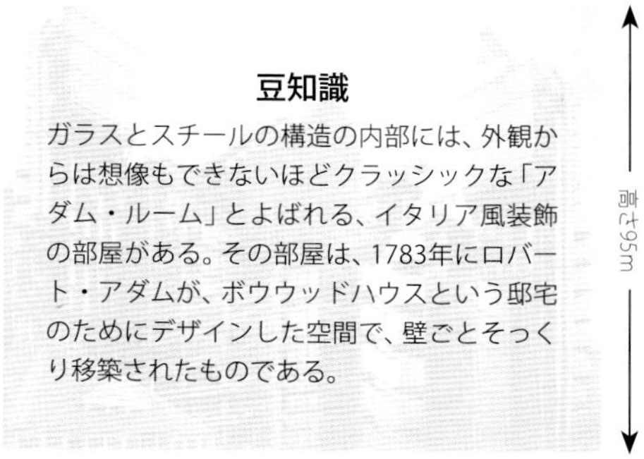

豆知識

ガラスとスチールの構造の内部には、外観からは想像もできないほどクラッシックな「アダム・ルーム」とよばれる、イタリア風装飾の部屋がある。その部屋は、1783年にロバート・アダムが、ボウウッドハウスという邸宅のためにデザインした空間で、壁ごとそっくり移築されたものである。

1978

ロイズ・オブ・ロンドンのプロジェクトがスタートするが、敷地にいくつかの問題が発生する。

1985

ロジャース、英国の権威ある建築賞RIBAゴールドメダルと、フランス政府からレジオン・ド・ヌール勲章を授与される。

1986

ロンドンの金融市場でビッグバンがおこり、ロイズ・ビルディングが完成する。

1987

シティバンクのための、ロンドンのビリングゲート市場付近の再開発計画が完成する。

ロイズ・ビルは、1980年代のロンドンにただよう保守的な空気の中では、非常にショッキングな建物であり、また、建築家はそうした衝撃をわざと与えようとしていたようにもみえる。特にインパクトがあったのは、今までの建築物の常識をくつがえす、すべて裏返しの構造である。機能的なスペースや設備が外から見え、アトリウムは開放的で、エレベーターも建物の外部に備えつけられている。また、ロイズ社からの「ITテクノロジーの恐るべき進化の早さや、それに対応する機能の変化を50年ぐらい見越した建物にしたい」という希望に合わせ、シェル（構造体）の部分は柔軟に未来の拡張に対応できるように計画されている。それぞれの機能がパーツごとにはっきりと分かれているこの建物は、しばしば「キットのようだ」と形容された。

トイレ、階段、空調、エレベーターなどの設備は、それぞれ独立し、わかりやすく建物の外側に配置されている。

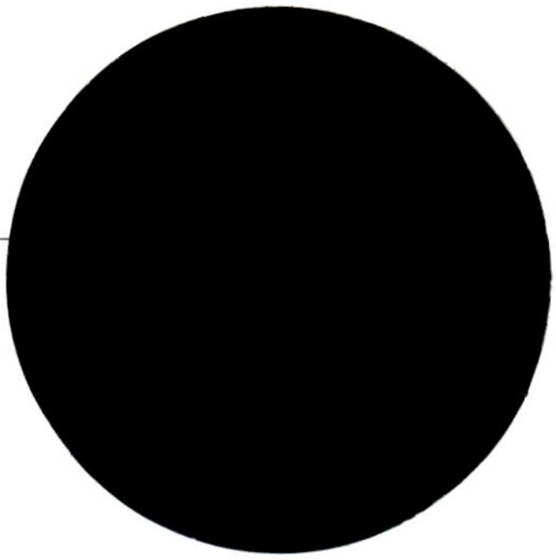

どんなビルでも非常階段は必要不可欠であるが、ロイズ・ビルディングの場合、普通とは逆に、外から一番目立っているのが非常階段である。

建築家の名前「リチャード・ロジャース」が、そのまま「後期モダニズム」の代名詞となる。ハイテクとテクノロジーを駆使して、それまでの建物の常識と正反対に、設備や機能を外側に出すものをつくったため、たびたび“はらわた様式”とからかわれた。

ロジャース設計のビルの中心には、12階分の高さを持つシリンダー状のアーチ構造になったアトリウムがあり、まるで下にある証券取引業務を行うオフィスを見下ろす、人工的な天空のようである。この部分は、建物全体を持ちあげているコンクリートでできた列柱によって支えられていて、これより100年以上前に建設された「水晶宮（クリスタル・パレス）」という建物のガラスの形状と似ている。ロイズ・ビルディングは、20年以上にわたって、ロンドンのスカイラインを彩る最も面白い建物だ、と多くの人たちに認められることになった。アトリウムは、ビル全体の複雑なガラス構造とともに、ゴシックの尖塔のような役割をはたしている。建物の二重にされたガラスのファサードと、内側の一枚だけのガラス壁面の間の空間は、アトリウムの空気を吸い込み、また地上へと巡回させる空調システムの一部として機能している。

トイレでさえ設備エリアと考えられ、他のサービスエリア（設備室）と一緒に建物の外側に配置された。一つずつ丸い窓がついている。

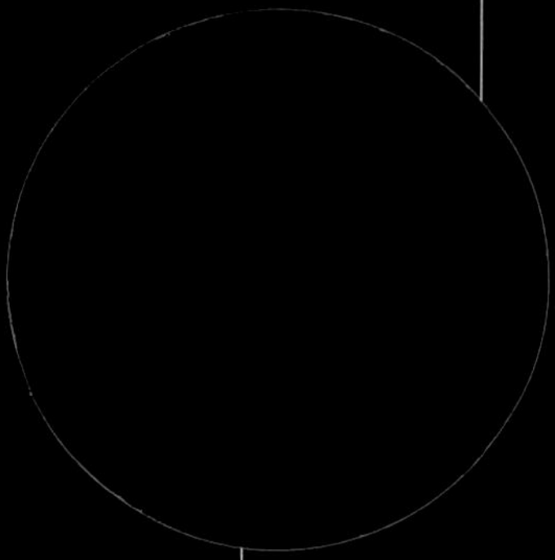

空調のダクトはビルの外側にはめこまれ、どこか彫刻的な仕上がりになっている。

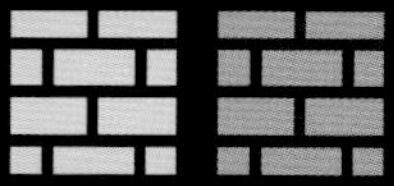

ロイズ・ビルのために当初予定されていたマテリアルは、水が入ったスチールのチューブだったが、最終的にコンクリートに変更された。

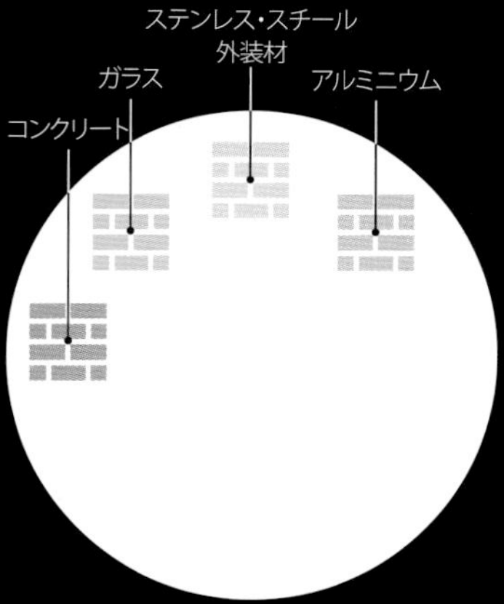

南側が７階建てで、北側が高くなっているロイズ・ビルで、とにかく圧倒されるのが、そのガラス面である。建設には、およそ12,000平方メートルのガラスが必要とされ、外観に別次元の奥行きといっていい、独特な眺めを加えている。内側と外側のガラス面の間にある空気循環用の空洞が、ガラスで透明になっているため、自然光を複雑に反射させて、建物の奥まで通している。この結果、暗くなってからのロイズ・ビルの眺めがたんなる建物というより、まるで生物が成長しているかのような、劇的で動きのある効果を生みだしている。内部で働く人間たちの快適さを維持しながら、先端テクノロジーの限界への挑戦に成功した点が、中世の趣がいまだに残るロンドン中心地で、際立ちながらもどこか周辺と調和している秘訣なのだろう。

ロイズ・ビルの基本的な構造は、コンクリートのフレームとガラスのカーテン・ウォールで、設備類はすべて建物の外側に設置されている。内部の巨大なアトリウム部分も含め、すべての建物が６本の塔で支えられ、上部には工事に使われたクレーンがわざと残されている。

全体に広がるグレーの部分は、光沢部分とつや消し部分に塗り分けられ、角度をつけられたガラスの外装材部分と絶妙なコントラストを生み出している。この仕上げは、よりいっそう建物全体を輝かせるための工夫である。

つや消しされた周辺部分とつるつるのステンレス・スチールの非常階段の組み合わせにより、光を効果的に反射させている。

フランク・ゲーリー（1929-）

GEHRY

ヴィトラ・デザイン・ミュージアム

1987-89　ヴァイル・アム・ライン（ドイツ）

フランク・ゲーリーは、これまでにいくつかの美術館を設計している。そのなかで何が一番有名か？　といえば、スペイン、ビルバオにあるグッゲンハイム美術館かもしれない。しかし、彼のヨーロッパで最初の作品であるヴィトラ・デザイン・ミュージアムほど、大胆にモダニズム建築の常識に挑戦したものはないだろう。ゲーリーは、この美術館を「グシャッとつぶれた石油缶のようにしたい」と考え、実際に外観をメタルで仕上げようとしていた。しかし、クライアントがもっとソフトなモルタル仕上げを望んでいたため、このアイデアは実現しなかった。

敷地内には、戸建てのショールームやオフィスなどの建物が並んでいる。それはみな、大物建築家たちの作品で、ゲーリーの建物も、そのシリーズの中の一つである。

ヴィトラ・デザイン・ミュージアムは、創立者が手がけたモダニズム・デザインの椅

1957–60
ハーバード大学院デザイン・スクールを卒業し、設計事務所でごく平凡なプロジェクトにたずさわる。

1961
パリに１年間滞在し、ル・コルビュジエ他、ヨーロッパのさまざまな建築家の作品を研究する。

1962
カリフォルニア州ベニスに事務所を開設し、小規模な作品を手がけはじめる。

子の他、直接ゆかりのないものも含め、さまざまな名作コレクションを所有している。そのため、ミュージアムの建物も、優れたデザイン家具やプロダクトに負けない、画期的な設計になる必要があった。

曲線的で強い角度がつけられた壁、空に舞い上がりそうなタワー。ゲーリーのヴィトラ・デザイン・ミュージアムは、まるでモダニズムの建築家がつくった四角い箱を壊して、ランダムに組み合わせてしまったような驚くべきものになっている。

彼の彫刻的なフォルムをつくり出すテクニックは、各部分が調和しあい、相互作用をおこすのではなく、お互いがぶつかり合う力を誘い出している。つまり、建物全体を一体化するコンセプトを持たず、個々の構成要素が音楽の「対《たい》位《い》法」(複数の独立した旋律を同時に組み合わせる作曲法)のように、それぞれバラバラの旋律を奏で、見るものの視線を、自然に一つのパートから他のパートへと動かしていく力を持っている。ゲーリーは、自分のデザイン哲学は、湾曲、幻覚、重なり、さらにはシュールレアリスムである、と述べている。そのため、この建物はしばしば「デコンストラクション(脱構築)主義」だと断定されてしまう。しかし、外側だけみると、まったくでたらめに形を決めたように見えても、室内を見ると展示物にとって完璧なスペースになるよう、ていねいに設計されていることがわかる。この建物でも、カーブを描く天井から差しこむ光が、シンプルな白い台座の上に置かれた展示物をやさしく照らしている。

その他に、ゲーリーの建築で不可欠なことは、ユーモアのセンスである。鎖のチェーンや安い合板などを使って自宅を設計し、その様式を「チープスケート(けちんぼう)建築」と命名していた。ゲーリーには、すっかり神格化されてしまったモダニズム様式の常識を根本からくつがえす鋭いひらめきが備わっていた。

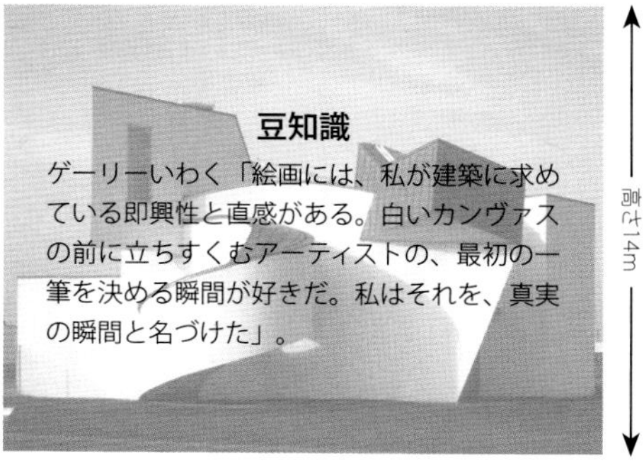

豆知識

ゲーリーいわく「絵画には、私が建築に求めている即興性と直感がある。白いカンヴァスの前に立ちすくむアーティストの、最初の一筆を決める瞬間が好きだ。私はそれを、真実の瞬間と名づけた」。

1978

自邸「ゲーリー・ハウス」で、初めて過激で破壊的なアプローチを試みる。

1980-89

創造力豊かなウォルト・ディズニー社のために、「ディズニー・コンサート・ホール」を設計する。

1987-89

「ヴィトラ・デザイン・ミュージアム」が、モダニズム建築の常識を打ち破り、新時代の扉を開ける重要な作品となる。

1989

ゲーリー、革新的なプロジェクトの成功が認められ、建築のノーベル賞といわれるプリツカー賞を受賞する。

光の塔とよばれる部分が、最大限に外の光を集め、内部にふんだんに取りこんでいる。

曲線を描く壁の対位法的なリズムが重なり合ったかと思うと、突然直線的なブロックによって小休止する。

他の多くのミュージアム同様、ヴィトラも効果的に大量生産の日用品や家具を展示する、「箱」としての機能をはたさなくてはならなかった。特に、斬新な家具デザインを展示するスペースとして、よりいっそう現代的でインパクトのある建築が求められた。できあがったミュージアムは、外側だけ見ると奇抜すぎて自己満足のようなデザインに見えても、実は要求された機能が完璧にはたせるように設計されている。カーブを描く壁が室内のレイアウトを決め、それぞれの展示室を区切っているが、反対側の端はまっすぐな壁になっていて、全体をきっちりと収めている。そして、天窓から入る自然光がアクセントとなり、内部を明るく魅惑的な空間に見せている。

ヴィトラ・デザイン・ミュージアムでは、壁、床面、天井、天窓のダイナミックな組み合わせが際立っている。凹凸面のコントラストだけでなく、明らかに浮き上がって見える断面のいくつかには、ステンレス・スチールの外装材が貼られ、メリハリがつけられている。

柱の底面の凹状の部分はステンレス・スチールで仕上げられ、光と影によって、平坦で冷たいコンクリート部分の雰囲気をやわらげている。

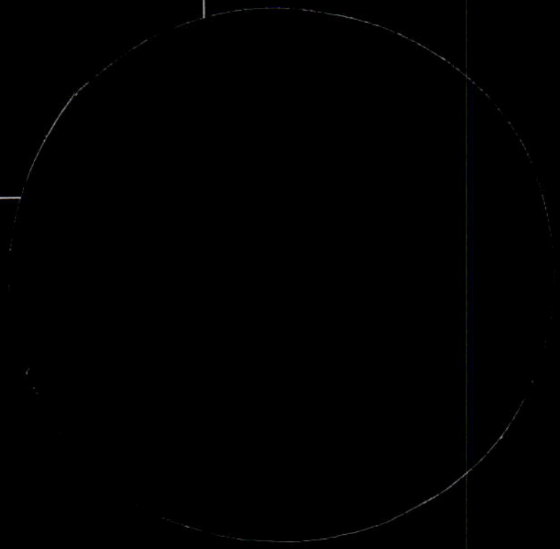

幾何学的なアングルの光の塔が空へと突き出し、まるで建物本体から飛びあがりそうである。

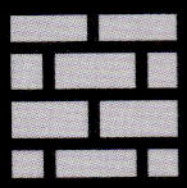

主な建築資材は鉄筋コンクリート。構造家が考えた正確な鋳型が工場でつくられ、現場でコンクリートが流しこまれた。

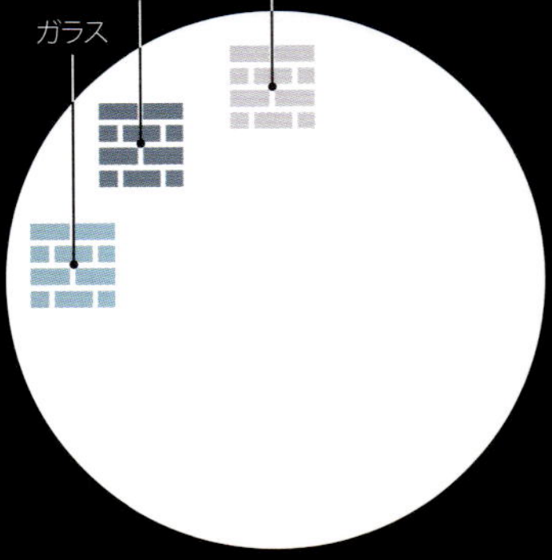

ゲーリーは、この建物の外側を彫刻的にしようと考えていたようだが、たしかに彫刻家リチャード・セラの作品との共通点が見えるかもしれない。また、ピカソやマティスといった芸術家たちの、バラバラな要素を合わせてつくる「コラージュ」などからの影響が、ヴィトラ・デザイン・ミュージアムのプロジェクトには、より強く表れている。また、2つの基本となる構成要素が、曲線と独特のアングルを持つ直線で、カーブを描く曲線の流れが、びっくりするほど突然、まるで不協和音か小休止が入るように、四角い箱のようなユニットで遮られたり、この2つの要素がほどよく対立するように組み合わされている。さらに、空間全体には、天窓から差しこむ自然光によってアクセントがつけられた。ゲーリーは、こういったどこか不完全なかたちを求めるアプローチで、それまでのモダニズムの伝統に対抗することができた。

一見でたらめなデザインのようにみえるヴィトラ・デザイン・ミュージアムだが、じつは細部にわたってきめ細かい設計がなされている。内部では、カーブを描く天井に反射する自然光が心地よく展示品を照らす、すばらしい空間が広がる。

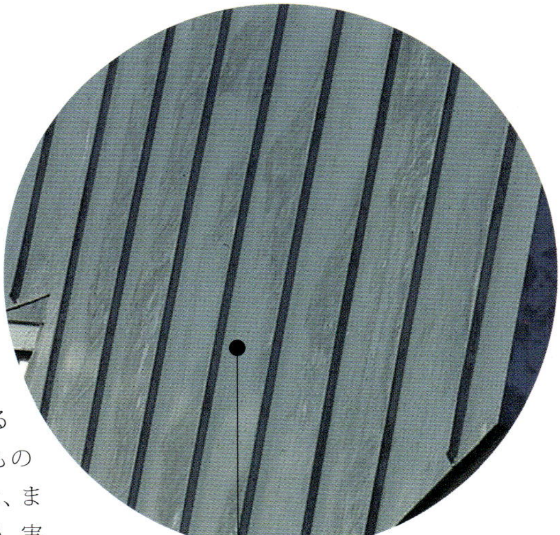

直線的な断面のいくつかには、コンクリートの壁のリズムを損なわずにアクセントをつけるため、亜鉛パネルが貼られている。

ゲーリーはその後、一般的な建築家と異なり、図面やドローイングに頼らず自分の建築をつくろうと試みる。彼にとって、ただ正確さを追い求めることは、経験を重んずるという姿勢に反するものだった。ゲーリーの新しい作品へのアプローチは、まず大量のアイデアの中から考えをまとめ、その後、実際の図面が担当の建設業者に渡されたとしても、ゲーリーが現場で細かく指示できるような余白を残しておく、というものである。彼は大量生産や機械優先の時代になり、あまり評価されなくなったハンドメードの工芸品やアートにも、つねに興味をもっていた。皮肉なことに、この考え方はモダニズムの元祖であり、ゲーリーによって、歴史のかたすみに追いやられることになる「バウハウス」の設立当時のモットーと非常によく似ている。おそらく、ゲーリーが考える以上に、両者の間には何か共通点があるのかもしれない。

トム・ライト（1957-）

ブルジュ・アル・アラブ

1994-99　ドバイ（アラブ首長国連邦）

ドバイの皇太子が、英国のW.S.アトキンス社のエンジニアに、「エッフェル塔がパリのシンボルになったように、ドバイを象徴する建物をつくってほしい」と注文したとき、トム・ライトが、やがて世界一の高さをほこるホテルとなる、ブルジュ・アル・アラブ（アラブの塔という意味）のドローイングを手がける。そして、笑われたり、批判されたり、絶賛されたりしながら、少なくとも、クライアントが望んだ最初の目的を達成しつつ、このプロジェクトは完成した。アラブ特有のダウ船の帆をイメージしてデザインされた外観。海との関係が深いドバイ全体を象徴する、高さ321メートルの建物となった。

豊かなアラブ首長国連邦の、ペルシャ湾に位置するドバイでは、その後、これより12メートルほど高い「ローズタワー」ができあがり、すぐにドバイ一高いビルではなくなってしまった。しかし、そんな高さや豪華さを競うありきたりなことより、このホテルは、

1983
ライト、英国で建築家として認定され、主にW.S.アトキンス社で経験を重ねる。

1993
ブルジュ・アル・アラブのドローイングが、アラブ首長国連邦の関係者に認められる。

1999
ブルジュ・アル・アラブが完成し、営業が始まる。ライトは引き続きW.S.アトキンス社に勤務。

ジュメイラ海岸の沖合にわざわざ人工島をつくって、本土とは橋でつながる敷地に建っているところがユニークだ。

構造は、２つのウイングを持つV字型で、その真ん中のセイルのかたちの部分は、ファイバーグラスとダイニオン（フッ素樹脂の一種）とよばれるマテリアルで覆われ、中はアトリウムになっている。ビルの外観は、セイルとマストのついた帆船のように見える。アトリウムは世界で一番広い面積をほこり、内部はエアコンによって、外のペルシャ湾の暑く、湿度の高い自然を忘れるほど、涼しい気温が保たれている。ホテルが開業する前の６カ月にわたり、アトリウム部分のいくつかのノズルから冷たい空気を循環させ、毎日少しずつ気温をさげる努力が行われた。設計者は、空間があまりにも広いので、急激に冷房で内部を冷やすと、雨雲を発生させてしまうかもしれないと恐れていたためだ。ブルジュ・アル・アラブの土台の部分は、岩の上でも、通常の基礎でもなく、砂の中に230のコンクリートの基礎杭が埋め込まれてできている。その仕組みとは、砂の摩擦の力を利用して、建物をサポートするというものである。しかし、なんといっても一番建設上たいへんだったのは、３年がかりで人工島をつくり、浸食を防ぐため蜂の巣状のコンクリートで取り囲むというプロセスだった。

開業したブルジュ・アル・アラブは、国際的な観光地となる。しかし、その巨大なサイズにもかかわらず、ホテルの客室はたった202しかない。各部屋のインテリアデザインは、世界でも特に裕福な有名人や実業家たちを十分にひきつけるような豪華なものになっていて、全部で8,000平方メートルもの金箔が使われた。ヘリポートは、屋上付近に建物から宙に浮いたように、構造体の外につり下げられるように設置された。

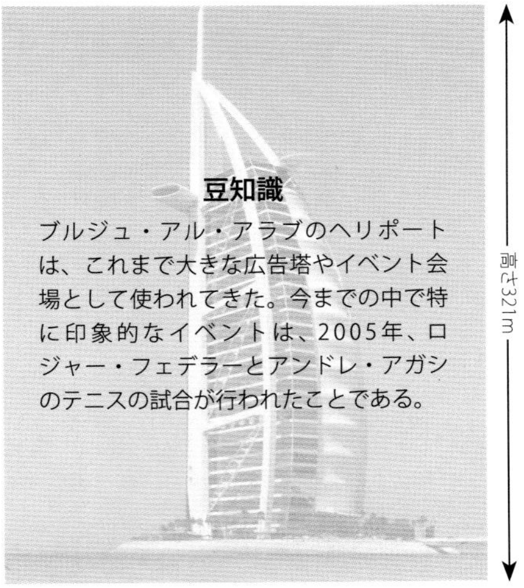

豆知識

ブルジュ・アル・アラブのヘリポートは、これまで大きな広告塔やイベント会場として使われてきた。今までの中で特に印象的なイベントは、2005年、ロジャー・フェデラーとアンドレ・アガシのテニスの試合が行われたことである。

2005

ブルジュ・アル・アラブの半分の高さで、どことなく似ている「スピンネーカー・タワー」が、英国のポーツマス港に完成する。

2006

帆船のようなフォルムで、リヤドで一番高いビルになる予定の「アルラジヒ・タワー」のデザインを手がける。

2007

アトキンス社の仕事で、バーレーンの貿易センターに巨大な風で回転するタービン（原動機）を設置する。

2008

アトキンス社は、引き続きドバイで「トランプ国際ホテル」「ライトハウスタワー」といった豪華なプロジェクトを進行中。

ブルジュ・アル・アラブは、世界的にもその圧倒的な豪華さが有名になった。金箔をほどこした部分に目が向きがちだが、24,000平方メートルにわたって30種類の大理石が使用されている。中２階にあるロビーには、イスラムの星を立体にしたデザインの噴水があり、レストラン、通路、および180メートルの高さのあるアトリウムのあちこちが、先端がとがったアラブ風のアーチで装飾されるなど、伝統的なアラブ趣味が感じられる内装になっている。インテリア・デザイナー、クアン・チューによるホテル内のレストラン、「アル・マハラ（オイスターという意味）」は、19センチの厚さのアクリルに、海水が入った水槽が並ぶ水族館のような通路とつながっている。こういったやりたい放題の贅沢さは、しばしば、建物そのものが批判される原因となる。英国人建築評論家のサム・ウォラストンは、ブルジュ・アル・アラブを「とてつもない大きさの、恐ろしいほど悪趣味の殿堂」と酷評した。

広大なアトリウム部分は、雨が降ったり、または夏に冷房をつけて急激に室内を冷やしたときなどに結露がおこりやすい。

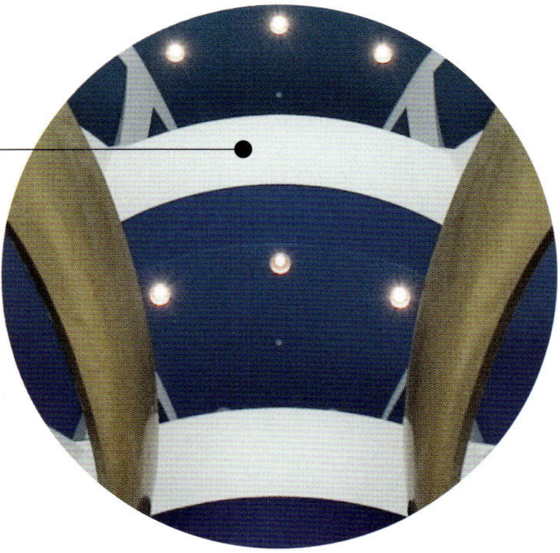

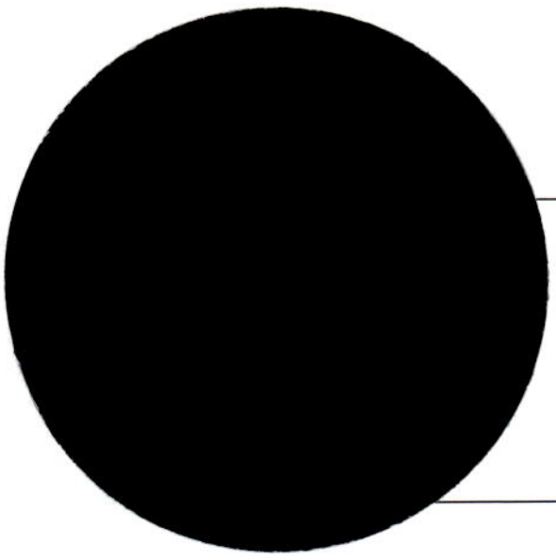

独特のV字型構造がビルを支え、全体をまとめている。

このV字型のデザインには、見上げる人々の視線をとらえ、アトリウムの最上階まで導く効果がある。

トム・ライトは、その後もW.S.アトキンス社に勤務し、ペルシャ湾地域でのプロジェクトを手がけている。この地帯はまだ民主主義が浸透しておらず、ある意味、民主主義諸国より国家的なプロジェクトの決断が早く、また安くつくることができる。

ブルジュ・アル・アラブの帆船のフォルムは、しばらくの間、流行の先端となり、英国ではポーツマス港に建つ「スピンネーカー・タワー」が、同じようなかたちで完成している。2つを比べるとドバイからの影響が明らかだが、「ポーツマスのほうはどこか発射台にのった宇宙ロケットのようで、ドバイのほうはアラブの三日月刀のようだ」などとたびたび比較されてきた。ブルジュ・アル・アラブは、海の上に出て、かなり遠い沖合からも目立ち、特に夜、照明が灯されると白からどんな色にでもカラフルに変化できるよう考えられている。照明がついている壁から3番目の壁面は、建築家の判断で、帆船のようにカーブをつけようとしたため、工事にはかなりの困難がともなった。その結果、500ミリの隙間があいた2枚のファイバーグラスでさらに膜をつくり、トラスで支えられたアーチをカバーするという方法がとられた。

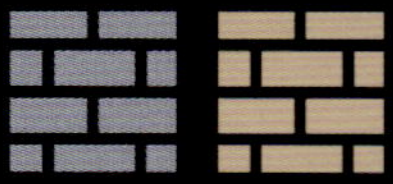

2つのウイングをまとめているV字型構造を持つこのビルの基礎には、230ものコンクリート基礎杭が砂のなかに埋め込まれた。V字の間のスペースは、ファイバーグラスとダイニオンで仕上げられている。

ファイバーグラスで仕上げられたアトリウムの3番目のスペースは、二重になったカンヴァスでカバーされ、本土のイメージを映し出す、スクリーンとしても機能している。

昼間はビルの中に自然光がふりそそぎ、白い壁に反射してアトリウムをミルク色に染めていく。そのデザインには、人工照明の使用を減らすねらいもある。

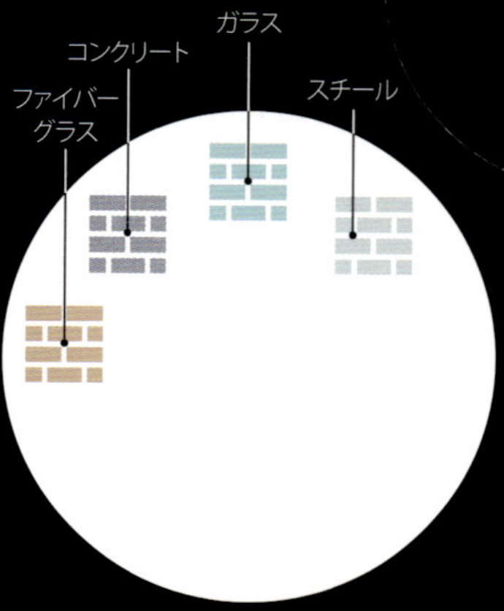

V字型の両サイドを支える斜めのトラスの長さは、全部合わせるとそれぞれサッカーフィールドの長さと同じぐらいである。工事中、南アフリカから輸入された、80も車輪があるという特別なトラックによって、建築資材がドバイから現場に輸送された。何でも、最上階にとりつけるトラスを持ち上げるのに、丸一日かかったという。建物のセイル状部分の端には、もっと小さめのトラスで支えられたアーチが、セールの張り具合を調整し、18階から26階部分を支えている。大梁《おおばり》が主要な構造の荷重をシフトし、強風や熱さに対して、建物がまるで呼吸するかのように柔軟に対応できるのは、壁の右側に建物の上から下まで伸縮するジョイント（継ぎ目）がついているからである。

各階では通路がぐるっとまわりこみ、どこからでもアトリウムを見ることができる。

アトリウムの三角形の光窓は180メートルの高さに位置し、完成した時点で世界一の高さをほこっていた。

ブルジュ・アル・アラブは、近年の建築デザインがいかに先端のテクノロジーによって決定されるかを示す最初の実例となった。この建物は、人工的に埋め立てた島に、230ものコンクリート基礎杭が砂の中に埋め込まれた上に建つ。島全体もさらに大きな岩の堤防で囲まれ、浸食を防いでいる。

シーザー・ペリ（1926-）

ペトロナス・ツインタワー

1992-98　クアラルンプール（マレーシア）

アルゼンチン生まれでアメリカ国籍を持つ建築家、シーザー・ペリと、クライアントであるマレーシアの国立石油会社ペトロナスが望んでいたことは、この本社となる高層ビルの建設によって、クアラルンプールを世界的に有名にさせたいということだった。世界で一番高いビルにしたいという考えは、おそらく後から生まれたものだろう。およそ452メートルの高さを持つタワーは、玄関から構造体の頂上までをはかった場合、1998年から2004年まで、世界で一番高い建物だった。

その圧倒的なツインタワーからは、台頭するアジアの経済力が象徴され、またそのなかでマレーシアも重要な役割をはたす、という意志が伝わってくる。そのため、彼らは40ヘクタールにのぼる周辺の土地に、「都市の中の都市」をつくるべく、立派なゴルフ場、レースのためのサーキット、公園や庭園などをつくり、タワーの下には、コンサートホー

1977

ペリ、エール大学建築学部長となる。

1981

その後不幸な運命をたどるワールドトレードセンターの隣に建つ、ワールドファイナンシャル・センターの設計を手がける。

1987

ロンドンのカナリーワーフ再開発地区の中心に位置する、ワン・カナダ・スクエアのプロジェクトがスタートする。

ルも建設された。

88階建てのペトロナス・ツインタワーは、1998年に完成したとき、「世界一高く、また世界で一番深く掘られた基礎の上に建つ建物」といった記録を更新することができた。

通常の高層ビル建設と違って、2つのタワー、内部のショッピングセンター、それぞれにちがう国の建設業者がかかわり、その３つの業者をうまくコーディネートできるかどうかがそもそも、一つのチャレンジになっていた。しかし、それ以外にもタワーをめぐって、技術的に解決しなくてはならない大きな挑戦や問題が３つほどあった。１つ目は、韓国の建設会社が担当していた２番目のタワーが25ミリほど垂直線からずれていたこと。２つ目は、深刻なスチール不足。そのため建築家は鉄筋コンクリートのなかでも強度の高い、特別なものを選ばなくてはならなかった。このコンクリートは、タワーのゆれを少なくできるが、全体を２倍重くしてしまうという性質をもっていた。しかし、それぞれのタワーは、コンクリートのコアと、外側のリング状の列柱によって支えられ、空高くそびえ立つことができた。

３つ目は、41階から42階の間の、２階建てスカイブリッジの建設である。41階部分は、「ポディウム（古代の神殿建築の土台）」として知られ、ビルの内部にいる人たちが、エレベーターをつかわずに２つのタワーを行き来することができる。スカイブリッジは、下にとりつけられたイスラムの星をイメージした幾何学的な構造体のおかげで、このプロジェクトが単なる高層ビルが２つならんだツインタワーというだけでなく、１つのまとまった摩天楼に見える効果を与えている。この星のデザインには、マレーシアにおけるイスラム教の重要性が象徴され、また２つの塔全体が門のようになっているのは、これからマレーシアが未来に向けてどんどん躍進するためのゲートを意味している。

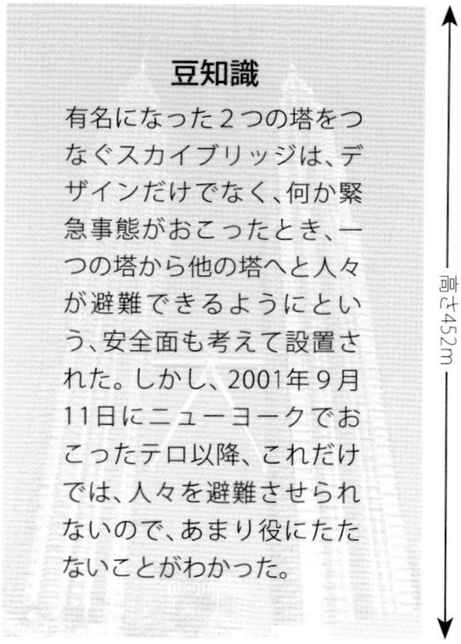

豆知識

有名になった２つの塔をつなぐスカイブリッジは、デザインだけでなく、何か緊急事態がおこったとき、一つの塔から他の塔へと人々が避難できるようにという、安全面も考えて設置された。しかし、2001年９月11日にニューヨークでおこったテロ以降、これだけでは、人々を避難させられないので、あまり役にたたないことがわかった。

1992

ノースカロライナ州シャーロットに、「バンク・オブ・アメリカ」を完成させる。

1996

ウォルト・ディズニー社が、フロリダで手がけた新興住宅地のために、映画館を設計する。

1998

クアラルンプールの「ペトロナス・ツインタワー」の頂上部分が完成し、世界一の高さとなる。

2004

ニュージャージー州、ジャージーシティに、超高層ビル「ゴールドマン・サックス・タワー」が完成する。

ツインタワーでつくられるゲートのイメージは、ペリによると「空に登る入口」あるいは、「無限への扉」だそうである。たしかに、スカイブリッジは、ツインタワーの間の空間を際立たせ、そのデザインには、ふつうの高層ビルが路上からこれほどの高さでそびえ立ったときの、非人間的な雰囲気と比べると、どこか軽く、あまり圧迫感を与えず、親しみやすいイメージになる効果があった。建設資材には軽いスチールでなく、鉄筋コンクリートが選択されたため、コンクリートのコアがつくられ、その中に設備やエレベーターがはめこまれた。この部分は、床面の４分の１の広さしかなく、通常の超高層ビルと比較して、非常に小さいスペースである。タワーは、星形の内側の角が、鉄筋コンクリートでできた16本のチューブでも支えられている。星形は、床面にその模様を映し出し、アーチを描くそれぞれ2.4メートルのビームとリンクしているが、上にいくしたがって細くなり、建物を突きぬけて上に登っていくようにみえる。

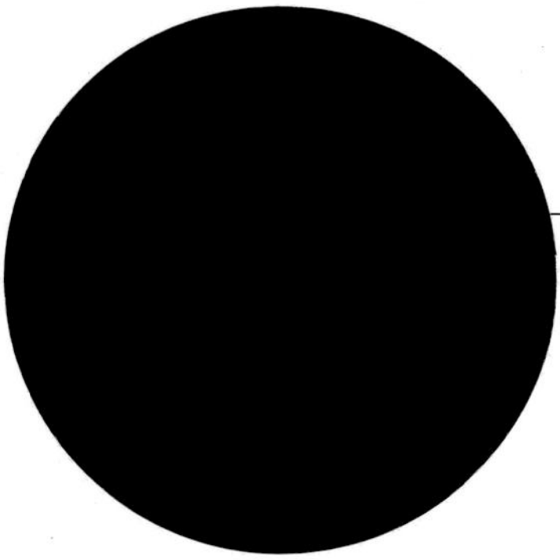

鉄筋コンクリートの列柱は、星形のポイントの間に寄りそい、ビルの外側の部分を支えている。

エレベーターからタワーの本体、そしてスカイブリッジまで、何もかもが２階建て・２重になっている。スカイブリッジは、世界で一番高い場所にある２階建ての橋となった。

シーザー・ペリは、建築家になってだいぶ後になってから高層ビルを手がけるようになるが、今では摩天楼の専門家として有名になり、ロンドンから日本まで世界中に超高層ビルを建てている。彼は、「人類は中世の石積み建築の風習から自由になるべきだ」と信じている。

タワーのかたちは、イスラム教の幾何学性を重んじる特質を表すように設計されている。ところどころ、地元の仏教寺院からの影響もみえるが、基本的にイスラム建築様式がベースになっている。四角が交差しているのは天国と地上の合体を表し、さらにそれが回転して、先端に小さな丸い充填材（つめもの）がスペースに埋め込まれた八角形の星形になる。マレーシアでは、このモチーフが装飾品、スクリーン、建物の一部など、あちこちに使われている。ペリは、他にも、マレーシアを象徴する色、パターン、工芸品などにも十分にこだわった。ステンレスで覆われた外観は、スカイラインに抵抗して伸びていくように見えるが、内部のディテールはあくまでもイスラム風につくられている。

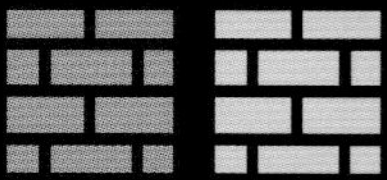

塔の部分は、主にコンクリート、スチールおよびガラスで建設されている。また、汚れた空気の熱を再利用して内部の温度を下げるという、独創的な装置も取り入れられている。

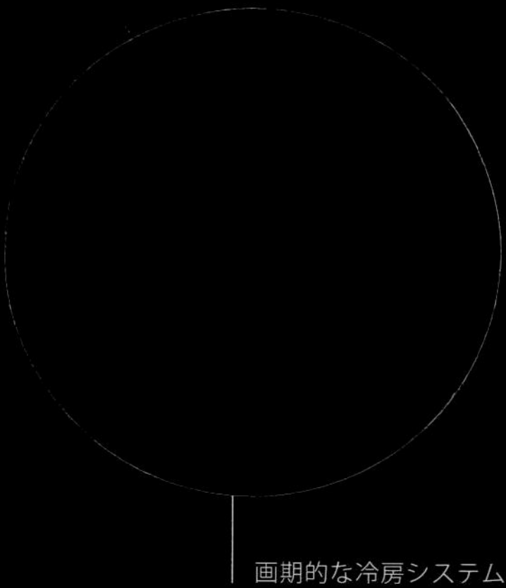

画期的な冷房システムは、入口の真上、丸いタワーの最上部に設置されている。

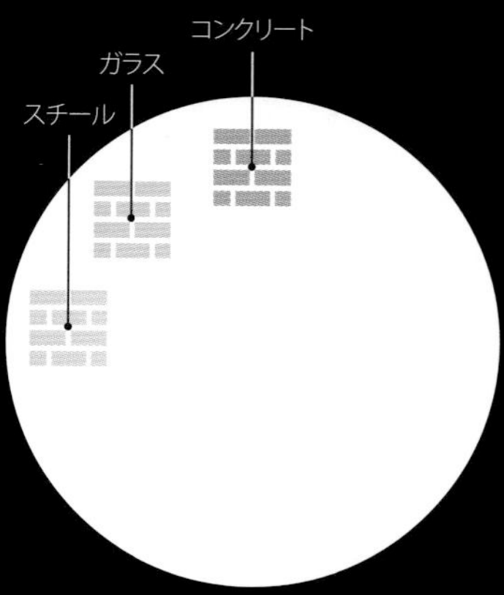

スカイブリッジは、２本のタワーが同時にちがう方向に揺れることもあるため、頑丈であるだけでなくフレキシブルな構造に仕上げなくてはならなかった。このブリッジの他に、２つのタワーは、地上から６階建てで、２つの通路に300店舗が並ぶ、ショッピングセンターのエリアでつながっている。この建物には、コンサートホール、ギャラリー、科学センター、5400台収容できる地下駐車場がある。摩天楼は、ときにはあまりにもダイナミックで、見た目が非人間的になるだけでなく、エネルギー消費も激しい。しかし、ペリは、ペトロナス・ツインタワーの中に、最先端の熱交換システムを取り入れ、内部の汚れた空気から出る熱を再利用して、新しい空気が入ってくるときに冷やすという、エネルギー問題に対する彼なりの対策を提案した。この仕組みにより、冷房のためのエネルギー消費を約半分に抑えることができる。

基礎の部分で問題が生じ、世界で一番深いコンクリートの基礎杭の工事が始まる直前、敷地を60メートルほど動かさなくてはならなかった。しかし、その後の工事がとても早く進んだのは、２本のタワーをそれぞれ別の国の建設業者に頼んで競争させたからだった。

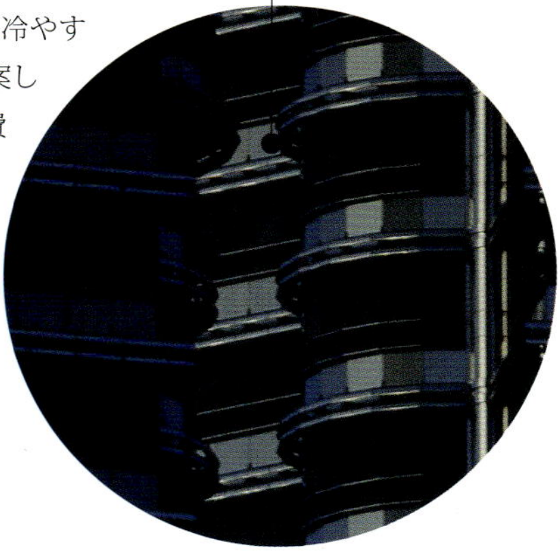

窓の上には、午後の日ざしによる暑さをやわらげるための、日よけブラインド収納スペースが取り付けられていて、そのデザインが壁面全体により立体的な印象を与えている。

それぞれの塔は、６段階ごとに先が細くなり、上部の壁がゆるやかに内側へとカーブしながら、円錐状の螺旋の頂上へと向かっていく。

レンゾ・ピアノ（1937-）

チバウ文化センター

1991-98　ニューカレドニア

1989年、世界的に有名な地元の政治的リーダー、ジャン・マリー・チバウが、フランスからの独立運動のさなかに暗殺されたため、逆にそれが引き金になり、チバウの夢だった国際的な文化センター設立の動きが本格化した。チバウの遺族とフランス政府は、国際設計コンペを開催し、チバウに捧げるだけでなく、生き生きとした、また時には厳しい自然におびやかされる太平洋文化のシンボルとなるものをつくろうと計画する。

その結果、レンゾ・ピアノが設計し、南太平洋、ニューカレドニアの先住民カナク人たちの文化とアイデンティティを尊重する、すばらしいチバウ文化センターが完成した。フランソワ・ミッテラン大統領にとっては、これが最後の大きなプロジェクトであり、またフランス以外では唯一のものだった。

建築家ピアノはイタリア人だが、文化センターの建物は、どこかカナク人たちの村落や

1971

33歳のイタリア人建築家レンゾ・ピアノ、英国人建築家リチャード・ロジャースと組んで、設計事務所を始める。

1977

ロジャースとピアノによるパリのポンピドー・センターが開館し、大胆な設計が絶賛される。

1991

ピアノがパリで手がけたルー・ド・モー集合住宅が完成し、外装材として、テラコッタの人気が復活する。

伝統的な小屋をおもわせるものができあがった。メインビルディングの主な建設資材となったマホガニーは、アフリカから輸入され、「小屋」はフランスでつくられたものが船で現地に運ばれた。関西国際空港やパリのポンピドー・センター（P74-79 参照）の設計で知られるピアノだが、実際、その「小屋」に関しては、カナク文化とのつながりを少し弱めるようなデザインになっているかもしれない。とはいえ、そこには土着の文化と、国際的に先端な建築の絶妙なフュージョン（融合）が生きている。

合計10のいろいろなサイズの「小屋」のデザインには、ピアノによるチバウの未亡人へのインタビューも活かされている。その一つひとつは、ミサイルの発射台、またはキリスト教司祭のミトラ（冠）を思い出させる。さらに、大きなラグーン（潟湖、沼）と太平洋の間にある半島にそって３つの「村」が形成された。「村」は、伝統的なカナクの「グレート・ハウス」のようなもので、図書館、展覧会エリア、会議室、子供たちの学校、カフェなどのように、別々の役割をはたし、それぞれは、豊かな緑の自然の中を、屋根がついた長い曲線的な通路をとおって、行き来できるようになっている。全体に、カナク人たちの祝祭空間が反映されているのがこの文化センターである。

チバウ文化センターが伝統とモダンなものをミックスさせて、画期的になったポイントは、「小屋」のデザインである。通常、現代建築家からは、小屋はどこか原始的だとバカにされ、モダニズム様式的な建物にどんどん変化させられがちだが、ピアノは絶妙にこの２つをミックスさせ、９階建てで、裏側にリブ構造がついた新しい小屋を生み出した。他にも、ハイテク建築が時々やりがちな、周囲の環境を無視する方法ではなく、まわりととけこむことに配慮している。そして、伝統的な木材と現代的な亜鉛メッキを組み合わせ、美しい島のドラマチックな風景を思わせる建物をつくった。

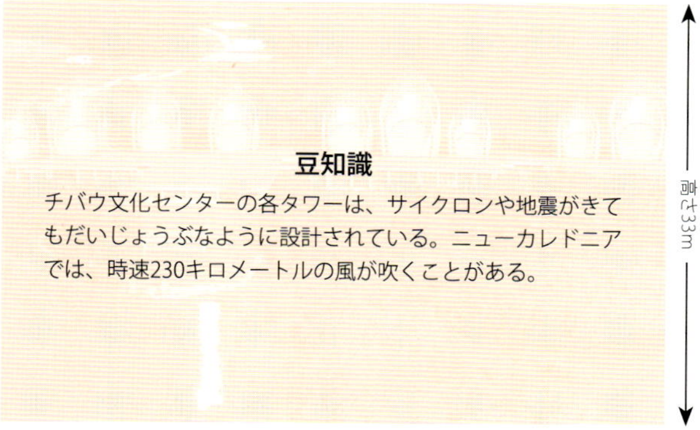

豆知識

チバウ文化センターの各タワーは、サイクロンや地震がきてもだいじょうぶなように設計されている。ニューカレドニアでは、時速230キロメートルの風が吹くことがある。

1994
人工島の上に、関西国際空港がオープンする。

1998
ニューカレドニアに、チバウ文化センターが開館。権威あるプリツカー賞を受賞。

2000
ニューヨークタイムス・タワーの設計コンペに勝利し、ニューヨークでいくつかのプロジェクトがスタートする。

2006
サンフランシスコで、巨大な５つの複合ビルのプロジェクトが始まる。

ピアノの元のパートナー、リチャード・ロジャースは、技術の進歩に対応し、かたちや、あるときは機能までも変更できるフレキシブルな建物を開発しようとした。ピアノもチバウ文化センターで、同じようなアイデアに挑戦した。ピアノは「カナク建築で一番大事な要素は、つくっているプロセスそのものなのではないか？　という考えが私をとらえて放さない」と記す。さらに「家を建てるということは、できあがった状態よりも、すべての些細な事柄のほうが重要である。そして、これをもとに、“永久に建築現場”あるいは、“未完成な住宅建築プロジェクト”といったコンセプトを発展させる」。チバウ文化センターのじゃばらのような建物の部分が、まるで鳥の羽のように空に立ち上がっている様は、ピアノの言葉通り、どこか未完成な雰囲気がただよう。また、伝統的な文化は過去にしがみつくだけでなく、「未来へ羽ばたくべきだ」というメッセージも感じられる。

基本構造は、モダンなものと伝統的なものが絶妙にミックスされている。アフリカの硬材木イロコと、亜鉛メッキされたスチールが、コンクリートの枠組みの上で一緒に組み立てられている。

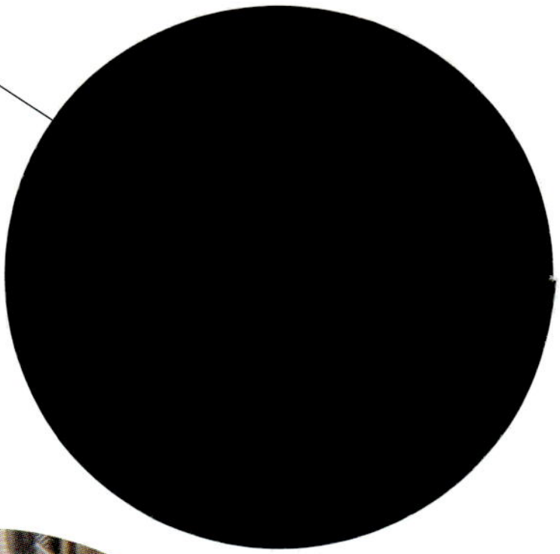

それぞれの小屋は、平均すると300平方メートルの材木と5.1トンのステンレス・スチールを使って建てられた。

「建設業者になれるのに、なんでわざわざ建築家になりたいんだい？」。これは、レンゾ・ピアノが、自分の将来の夢を話したとき、父親がたずねた言葉である。たしかに、彼は両方の技能を組み合わせ、また、テクノロジーの限界に挑戦しつつも、叙情的で深い美を追求できる建築家だといえる。

チバウ文化センターで何よりも画期的なのは、風が強い場所に建っているのに、構造が風を受けやすい形に開いていることである。木でできたリブは、暴風雨から建物を守るとともに、海風を内部に適度に取り入れて、自然の力で換気が行えるようになっている。また、この中で聞く風の音は、ほかでは味わえない体験の一つとなるだろう。伝統的なカナク人たちの小屋では、薄いリブには、ヤシの木の葉っぱが使われる。しかしピアノは、それのかわりに西アフリカからとり寄せた、頑丈で腐らない、イロコという硬材でつくった木の破片を水平方向にいれる、という方法をとった。木材部分は、暴風雨対策の一つになっていて、太平洋の突風を、ダブルスキン構造の外側の壁から内側のガラスの壁へと方向転換させ、ガラスは風力にあわせて開けたり、閉めたり調節することができる。

詳細を見ると、ピアノが土着の織物を研究し、その現代版のもっと強い建築用のファブリックと、結び方を応用したことが明らかである。

地元の伝統的な工法と、最先端のマテリアルの組み合わせがユニークで、デザインによって伝統とモダンさがみごとにミックスされている。

亜鉛メッキが塗られたスチールと、イロコという硬木が組み合わされてできた構造は、とても頑丈で、恐ろしい太平洋の暴風雨にも耐えられる。

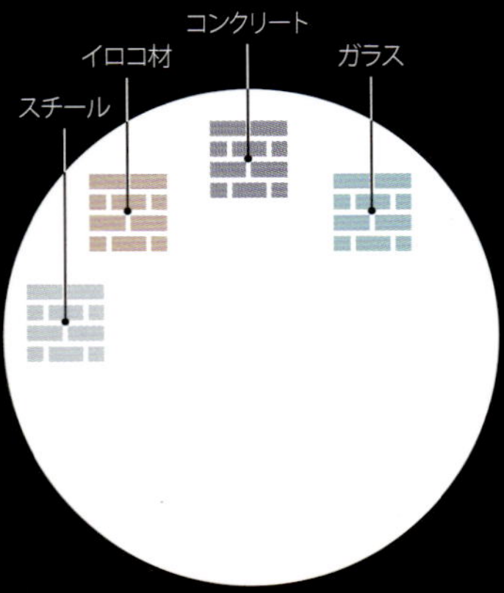

8,000ヘクタールもあるセンターの敷地には、地元の多彩な植物が咲きほこっている。1975年、同じ場所で、チバウが初の太平洋文化フェスティバルを開催した。そして、「グレートハウス」とよばれる10棟の家は、ファサードはイロコ材と、亜鉛メッキされたスチールでできていて、風を取りこみ、ダブルスキンになった内側にはもう一つのガラスのファサードがつくられている。

外側が木材で、内側がガラスという二重になったファサードは、まるで煙突のように熱い空気を上にもちあげるフィルターのような役目もはたしている。

地元の木の幹と、ステンレス・スチールのチューブでできた建物の色彩は、シルバー・グレーで統一されている

現在活躍する建築家の中でも、レンゾ・ピアノほど、作品の建つ地域の文化に興味を持って研究してきた人は少ないだろう。チバウ文化センターでも、人類学者たちと密に協力して、プロジェクトを進めてきた。他の同時代の建築家と同じように、建築にかかわるどこか非現実的で、うつろいやすいもの、例えば、光、自然のフォルムなどからも強い刺激を受けてきた。彼の建物には、つねに新しいマテリアルや最先端の技術が取り入れられているが、それは、たんに外観だけでなく、触感を含めた総合的な建築の質を向上させるため、というように見える。しかし、伝統的な要素と、モダンなものをミックスさせることの危険性も認めており、「我々は、地元の文化からダイナミックで面白いものだけを盗んでいる。チバウ文化センターは、私が今まで他分野への冒険を試みてきたなかでも、最もむこうみずなプロジェクトだったかもしれない」と述べている。

ノーマン・フォスター（1935-）

ドイツ連邦議会新議事堂（ライヒスターク）

1992-99　ベルリン（ドイツ）

ノーマン・フォスターは、現在、世界で最も注目され、国際的に活躍している建築家の一人だろう。その作品は、コンセプトのすばらしさ、構造の美しさと力強さで、世界中から賞賛されている。妥協を許さないほど、圧倒的にモダンであるにもかかわらず、環境への配慮と同様、過去への畏敬の念があふれていることにも驚かさせる。

このことは、1992年に開催された設計コンペでフォスターが当選し、戦災でダメージを受けたベルリンの国会議事堂を再建する、というギリシャ神話のヘラクレスのような役割を担う仕事を見れば、一目瞭然だろう。このプロジェクトには、恐るべき責任がともなっている。その当時は、ドイツの再統一にあたって、首都をボンからベルリンに戻すことが時間の問題となっていた。そのため、国会議事堂の再建は、新生ドイツと民主主義を象徴するものになるように、と強く期待されていたのだ。

1933
ナチスの放火によって、ライヒスタークこと国会議事堂が破壊される。

1945
議事堂は、第２次世界大戦末期にまたしてもひどいダメージを受ける。

1990
ドイツ連邦再統一の祝典が、ライヒスタークで開催される。

しかし、実際のところ、これが意味することはシンプルだった。フォスターは、19世紀に建てられたオリジナルな議事堂の建物の範囲内にとどまらず、未来につなげるための新しい装置を加えることを思いつく。ドイツ政府からは「開かれたイメージ。内部の議員たちや、外部からの来場者たちにとっても、透明でアクセスしやすいフォーラム（公共広場）のような空間。その結果、新しい世紀にむけて民主主義を象徴するもの」という要求があり、建築家は、この重要なプロジェクトに果敢に挑んだ。

そのデザインは、例えば、ソ連軍が1945年にベルリンに侵攻したときに壁に残した落書きまで組み入れるなど、新旧のミックスの具合がすばらしかった。また、フォスターが考える“グリーンな”、つまり「環境に配慮する建築」というコンセプトも実践されている。ライヒスタークでは、電気と冷暖房は、菜種油などのような再生可能燃料しか使われず、自給自足でエネルギーが供給できるようになっている。

一番注目されるスペースは、第２次世界大戦で破壊されたキューポラ（ドーム）のあった場所につくられた、メタルとガラスでできた新しいドームである。そのなかでも特にすばらしいのが、２本のスロープが二重の渦巻きのように、ぐるぐると上に登って屋上にのぼっていく様子である。このスロープは、来場者にドイツの首都ベルリンの、すばらしいパノラマを提供すると同時に、360枚の傾いた鏡がつかわれた中央の円錐状のパートが、自然光を議場に反射している。

フォスターは、透明で開かれた議会政治を象徴するプロセスをつくろうと心に決めていた。後にフォスターは「象徴としてだけでなく、現実に民衆は彼らを代表する議員たちの上に立つ。そして、政治家たちを見下ろし、今まさに民主主義のプロセスが進行しているのを見るのである」と述べている。

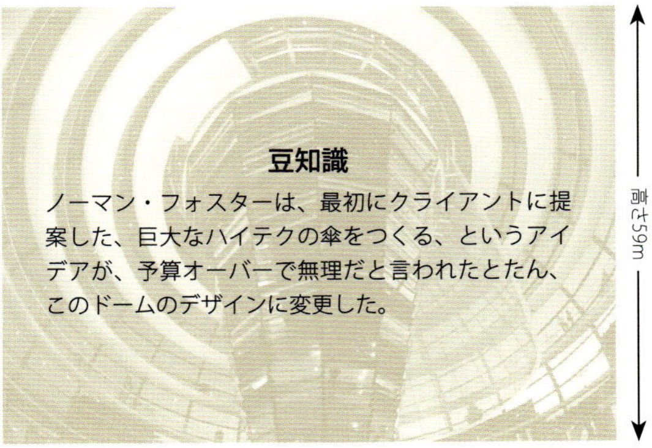

豆知識

ノーマン・フォスターは、最初にクライアントに提案した、巨大なハイテクの傘をつくる、というアイデアが、予算オーバーで無理だと言われたとたん、このドームのデザインに変更した。

1991

ドイツ連邦議会は、投票により国会と政府機関をボンからベルリンに戻すことを決定する。

1992

ドイツ人以外の設計事務所も13組参加した、ライヒスターク改修のための設計コンペで、フォスター＆パートナーズが当選。

1995

ブルガリア人芸術家クリストとジャンヌ・クロードが、巨大な合成樹脂の布でライヒスターク全体を梱包する。

1999

新しいライヒスタークが完成し、ドイツ政府に引き渡される。

ノーマン・フォスター　118　ドイツ連邦議会新議事堂（ライヒスターク）

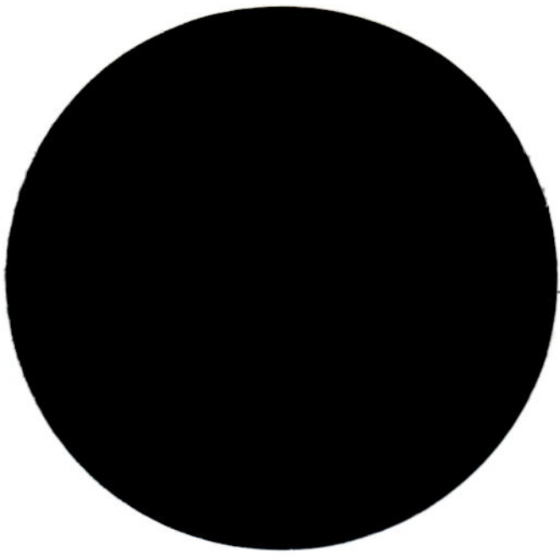

内部の展望通路からの眺め。答弁が行われる議場では、円形に並んだ回転するアームチェアーが、巨大なスチールでできたワシと向き合っている様子が見える。

ドームの中央部の円錐状の部分は、360枚の傾斜のついた鏡がついていて、光を取り入れたり、議会の様子を周囲に反射させている。

フォスターの未来派的なドームは、屋上からそそり立っているかのようだ。どこか、ドイツ騎士団の兜《かぶと》のようにみえるが、今後は二度と世界征服の野望はないはずである。構造は、12本の鉄筋コンクリートの列柱により支えられ、重さは1,219トンにのぼる。鏡ばりのオブジェのような中心部分は、昼間は外の光が議場にふりそそぐようにデザインされている。また、電動の日よけ装置が、直射日光が下のスペースに差しこむのを防いでいる。暗くなると、鏡が照明を反射し、ドームを夜空に輝く灯台のようにライトアップする。

このドームの優れているところは、一つは洗練されたアイデアが光るデザイン。もう一つは、もともとの議事堂の建物の壁面を残すなど、オリジナルデザインや歴史を尊重したうえで、未来的なドームと対比させている点である。

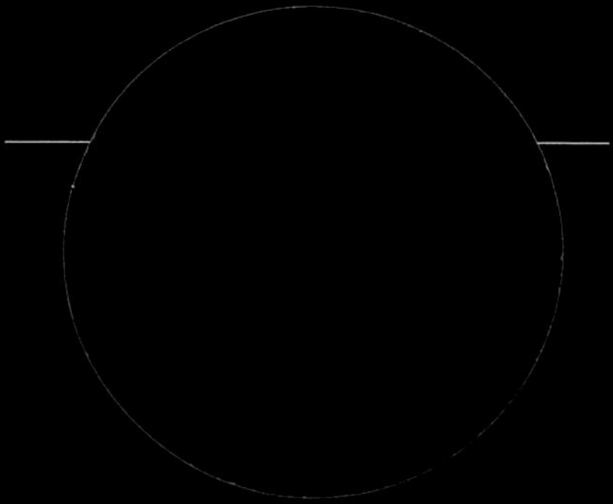

まるで石灰岩などの建築資材のように、ふんだんに鏡が使われた柱が、外側のドームからカーブし、内側のドームのなかにつきささっている。柱に貼られた鏡は、太陽がほとんど地平線の高さになっても、議事堂のなかに自然光を取り入れることができる。

今日、世界の最先端をいく建築家として活躍するノーマン・フォスターは、つねに独自のデザイン哲学を進化させてきた。ドイツ連邦議会新議事堂の仕事では、斬新な建築のためのテクノロジーに挑戦すると同時に、社会的、環境的なテーマに取り組んでいる。

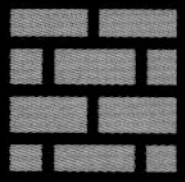

鉄筋コンクリートでできた12本の列柱が、1219トンにのぼる構造全体を支えている。

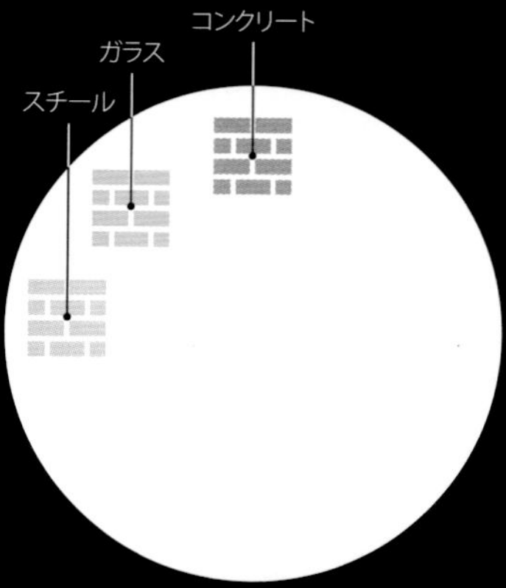

円錐状の鏡の部分は、内部を照らすだけでなく、熱気を最大限に集めて換気するという役割も担っている。空洞をのぼっていく熱気は、ドームの先端の柱頭部分を開けて外に逃がすことができ、同時に新しい空気を取り入れることができる。また、別の通気口も構造の端の部分に設置されている。建築家の環境への配慮が、あちらこちらに生かされ、熱変換システムがドーム内部にとどまった熱を再利用できるだけでなく、窓のシステムも地球にやさしいデザインが考えられた。つまり、内側に手動で開け閉めできるふつうの窓の列があり、その外側には、防犯用のラミネート加工されたタイプの窓が取り囲む二重構造になっている。さらに、この２つの間にも新鮮な空気のための換気口がある。

ドームの外側に沿って、２つの螺旋状のスロープがあり、来場者は印象的なベルリンの風景と討論が続く議場を同時に眺めることができる。

モダニズム風なデザインの議場は、驚くほど機能的に設計されている。ライヒスタークのファサードには「（権力者ではなく）ドイツ人民のために」という言葉が、刻まれている。この議場のデザインも、その考えを強く反映するものになっている。

オリジナルのライヒスタークは、ドイツ帝国時代という時代背景の影響で、かなり大げさで威圧的な様式で建設されていた。フォスターの改築デザインには、議場の様子だけを見ても、もっと民主主義的な感覚があふれている。議員の座席が与野党関係なく円形に続く並び方も、あえて「非対立的」になるように、と考えられた。

ライヒスタークの再建工事は、現場にあったがれきの山を取り除くことも含まれていた。全体のプロジェクトが完成するまでに、３年半の月日がかかっている。その結果、見る者の視線を引きつける魅力的なものになった。すべての構成要素から、フォスターのディテールに対するこだわり、職人芸への愛着といったことが、目に見える形、さらには目には見えない雰囲気からも伝わってくる。この議事堂は、過去をきちんと振り返り、さらに未来を再建する必要性さえもアピールする建物である。フォスターは後に「我々のアプローチは、過激で根本的なものである。つまりこの建物の歴史は、決してきれいさっぱり洗い流してはならない。また、ドイツ政府が私の考えを受け入れてくれたということは、今後、ドイツが、驚くほど開かれた進歩的な社会になるということを示している」と、述べている。

ノーマン・フォスター（1935-）

スイス・リ本社ビル

2000-04　ロンドン（英国）

元のオーナーによる正式名称は「スイス・リ本社ビル」だが、ロンドン市民からは、「ガーキン（ピクルスに使われる細く小さいキュウリ）」というニックネームでよばれるこの高層ビルは、現在、ロンドン中心部シティで、一番のランドマークとなっている。その理由は、再開発で建った斬新なデザインだからというだけなく、敷地のテロ被害の記憶にも関係している。

もともと、この場所にはエドワード様式の最高傑作といわれる、バルティック海運取引所が建っていた。しかし、1992年４月10日、IRA（アイルランド共和軍。対英テロ闘争を行う武装組織）のトラック爆弾が炸裂し、がれきの山となる。ビルを元どおりに再建したいという熱烈な保護論者たちの意見もあったが、経済的な理由や諸事情で、結局、新たな建物をつくらなくてはならなくなる。それをどんな建物にするかで非常に時間がかか

1992

IRAの爆弾テロにより、バルティック海運取引所がほぼ全壊した。

1995

バルティック海運取引所の幹部、敷地を不動産会社トラファルガー・ハウスに売却する。

1996

高さ800mの超高層ビル「ミレニアム・タワー」を提案するが、高すぎて航空機ルートを邪魔するという理由で却下される。

り、また決定されたプロジェクトも波乱にとんだものだった。1996年に「ミレニアム・タワー」という計画が発表されたが、そのあまりのビルの高さが問題となり反対される。その後、ノーマン・フォスターと、彼の事務所のディレクター、ケン・シャトルワースによって修正された計画案がやっと認められるが、その後も、あらゆる種類の面倒なプロセス、細かい調整が必要となり、最終的に工事がスタートしたのは2001年。そして、その3年後の2004年にビルはついに完成した。

フォスターのねらいは明解だった。つまり、環境に配慮した省エネの高層ビルをつくり、またロンドンという街の中での背景や、建物と周辺のつながりに深い理解を示すということだった。結果は、建物そのものがすべてを物語っている。ガーキンのその有機的なフォルムは、まず視覚的なインパクトを与えたが、それ以上に、社会的に、技術的に、また空間的にラディカルである。外部のスキン（外観を覆っている表面）は、ガラスがはめこまれた「A」のかたちをしたスチールでできた格子で覆われている。ガラスパネルのフレームそのものに強度があるため、構造を支えることができる。つまり、内部はまったく柱を必要としないことを意味する。

奇抜な外観のおかげだけでなく（たしかに、つるつる光って目立つ外観だが）、またその威圧的な高さによって、ガーキンは街のランドマークになった。さらには、英国初の環境にやさしい高層ビルとして知られるようになる。各階の間にある自然な換気のためのシャフトを含め、最先端の省エネルギーシステムが導入され、寒い冬に備え、ソーラーパネルによる暖房が設置されている。さらに印象的なのが、エアー・サンドウィッチ・インスレーションといわれるシステムで、二重のガラスの間に空気を閉じ込め、内側のオフィス空間と遮断し、熱効率を高めている。

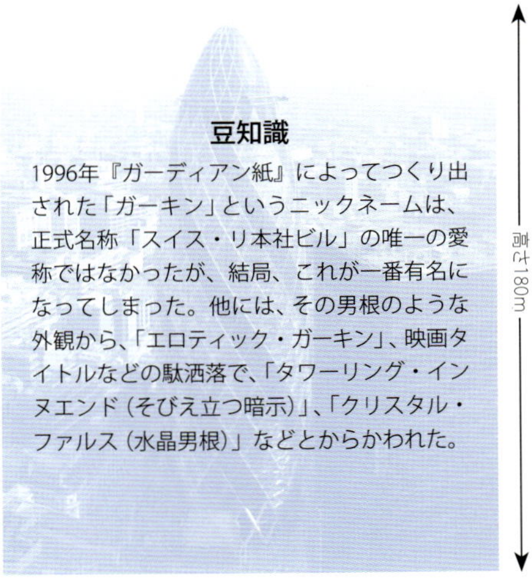

豆知識

1996年『ガーディアン紙』によってつくり出された「ガーキン」というニックネームは、正式名称「スイス・リ本社ビル」の唯一の愛称ではなかったが、結局、これが一番有名になってしまった。他には、その男根のような外観から、「エロティック・ガーキン」、映画タイトルなどの駄洒落で、「タワーリング・インヌエンド（そびえ立つ暗示）」、「クリスタル・ファルス（水晶男根）」などとからかわれた。

2000
新たな設計案が承認され、現実的にプロジェクトが動き出す。

2001
スウェーデンの建設会社スカンスカ社により工事がスタートする。

2004
スイス・リ本社ビル（愛称ガーキン）が完成する。

2005
世界の大手建築事務所へのアンケートで、ガーキンは、世界で最もすばらしいビルの一つであると評価される。

内部の各オフィスは、フォスターの言う「空中に浮かぶビレッジ」のように、レイアウトされ、それぞれが螺旋状の小さなアトリウムによってつながっている。

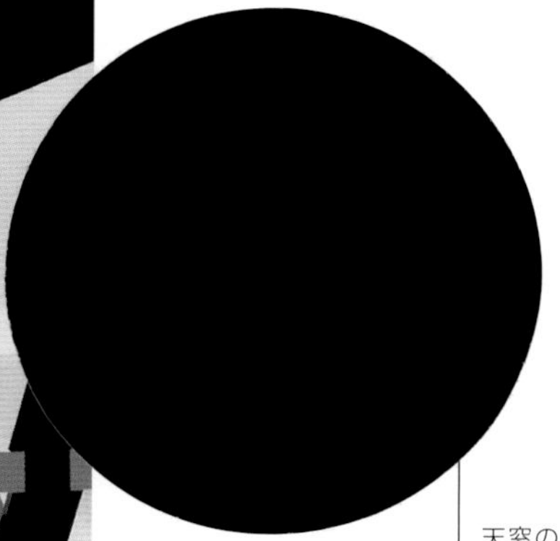

天窓のように光を通すスペースの隣には、各階に6カ所ごとに、同じかたちをした内部バルコニーのようなスペースがあり、螺旋状にそって視覚的な調和を生み出している。

最初の計画では、バルティック海運取引所を、作家、サイモン・ジェンキンスが名づけた「グラウンドスクレーパー（低層建物ブロック）」の中の新しいビルに、元どおり再建しようというものだった。これが却下されて以来、急激に高層建築を建てる方向に動き、ガーキンのアイデアが生まれるが、その後も今のかたちに落ち着くまで、何度も改良を加えなくてはならなかった。そして、プランナーがもう少し高くエレガントな雰囲気に、と要求してきたため、構造エンジニア会社オヴ・アラップが、「A」のかたちをした格子組を開発し、強度を高めることを提案する。大量の小さな三角形の窓によって、構造全体が軽く、フレキシブルな利用が可能になった。

バルコニーの端は共有スペースのようになっていて、コピー室、ライブラリー、ミーティングやブレーンストーミングのための会議室、さらにカフェなどがつくられている。

フォスターの建築スタイルは、先進的でハイテク、かつ強いインパクトが特徴である。と同時に、彼は社会的、環境的、歴史的な配慮もおこたらず、周辺環境のクオリティーの良し悪しが、我々の生活や命そのものにも深く、直接的に影響すると考えている。

曲線的な外観にもかかわらず、ガーキンの内部には先端のレンズのかたちをしたガラスの柱頭部分以外、曲線的なパーツが一つもない。ほとんどのガラスは透明だが、階段吹き抜け部分だけ濃い色がつけられている。

構造エンジニアの大手企業オヴ・アラップの提案で、ガーキンの構造は、三角形の格子づくりによってさらに補強されている。

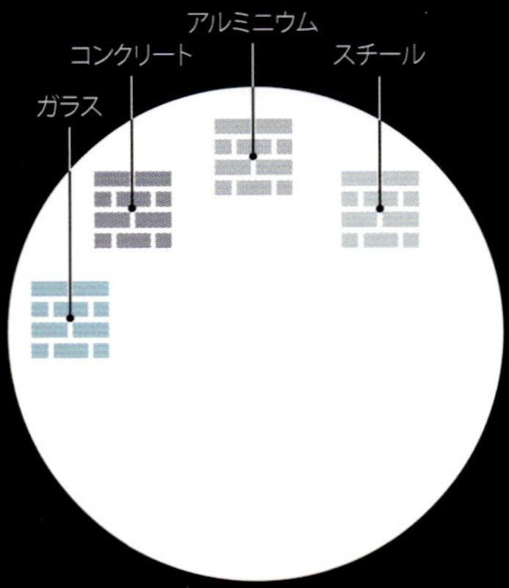

斜めの筋交いがついたタワーは、先端にいくほど細くなり、地面に近い部分が暗くならないよう、路上にある広場まで最大限光が届くようになっている。内部では、日中、窓からさんさんと光がふりそそぎ、各階オフィスの中央部分でさえ、明るく照らされている。外装材にはガラスが24,000平方メートルも使用され、約5,500の、平らで、三角形、あるいはダイアモンド型のパネルに埋め込まれた。それぞれのサイズは、建物の階によって異なる。各パネルは、外側は二重ガラス、内側は1枚のガラスのスクリーンとして機能し、建物全体を二重に覆う、ダブル・ファサードになっている。中央の換気のための空洞には、日ざしをコントロールするためのブラインドが収まっているだけでなく、空洞部分はさまざまな調整の役に立ち、オフィスから取りこまれた汚れた空気を循環させて換気したり、室内の冷暖房効率を高めている。

フォスターは、ガーキンのプロジェクトで、念願だったロンドン初の環境に配慮した高層ビルを完成させた。空気力学を計算してできたフォルムは、乱気流の発生を最小限に抑え、自然光と換気を最大限に活かす効果がある。最終的にフォスターは、地元に利益を還元できる高層ビルを生み出すことができた。

ガーキンには、4200平方メートルのオフィス・スペースがある。各階のコーナーに、螺旋状のアトリウム、6階ごとにスカイガーデンがある。フォスターは、フランクフルトのコメルツ銀行ビルなどで、高層オフィスビルのパイオニアになっている。

斜めのグリッドを外観に使うことで、フォスター事務所は、ガーキンの外観にどこか伝統建築の、エレガントな雰囲気をプラスすることができた。フォスターは、「このデザインのインスピレーションの一部は、1970年代の、バックミンスター・フラーの作品からきている」と述べているが、やはり、本人独自のアイデアが基本だろう。

高層ビルの建築は決して楽ではない、ということが、建築家、構造エンジニア、建設業者スカンスカ社が、最先端のコンピューターソフトを導入して、さまざまな実験をくり返したプロセスにもはっきり表れている。ほとんどの高層ビルが、コアとなる列柱、チューブ構造、またはその両方を組み合わせて、風圧からの側面の安定を保っている。それである程度風圧に抵抗することはできるが、内部で感じる揺れまで防ぐことはできない。そのため、建物の剛性を高めるか、あるいは大量の揺れ止めを投入して制御する方法などが検討された。しかし、ガーキンのピラミッドのような構造が揺れの問題や強度を解決し、新たな補強材も特に必要としなかった。また、外観のフォルムは、高層ビルの地上付近でおこりがちな強風を軽減する効果もうまく計算されている。

●著者　アンソニー・ハッセル／デビッド・ボイル／ジェレミー・ハーウッド

アンソニー・ハッセルは、ロンドン大学で美術史を専攻。サセックス大学で20世紀建築について研究中。デビッド・ボイルは、『タウン＆カントリープランニング』の元編集者。著書に『ビルディング・フューチャー』などがある。ジェレミー・ハーウッドは、建築関連記事をはじめ、執筆記事多数。

●訳者　浅倉協子《あさくらきょうこ》（翻訳協力：株式会社トランネット）

アート・イン・ディテール
近現代建築

2011年10月1日　初版1刷発行

著者　アンソニー・ハッセル／デビッド・ボイル／
ジェレミー・ハーウッド

訳者　浅倉協子《あさくらきょうこ》

発行者　荒井秀夫
発行所　株式会社ゆまに書房
東京都千代田区内神田2-7-6
郵便番号　101-0047
電話　03-5296-0491（代表）
デザイン　高嶋良枝

ISBN978-4-8433-3609-0 C1371

落丁・乱丁本はお取替えします。
定価はカバーに表示してあります。

Printed in China